성령께서 말씀하신 귀신의 비밀

KB192055

성령께서 말씀하신 귀신의 비밀

발행일   2022년 2월 18일

지은이   신상래
펴낸이   손형국
펴낸곳   (주)북랩
편집인   선일영   편집   정두철, 배진용, 김현아, 박준, 장하영
디자인   이현수, 김민하, 허지혜, 안유경   제작   박기성, 황동현, 구성우, 권태련
마케팅   김회란, 박진관
출판등록 2004. 12. 1(제2012-000051호)
주소   서울특별시 금천구 가산디지털 1로 168, 우림라이온스밸리 B동 B113~114호, C동 B101호
홈페이지 www.book.co.kr
전화번호 (02)2026-5777   팩스   (02)2026-5747

ISBN   979-11-6836-187-4 03200 (종이책)   979-11-6836-188-1 05200 (전자책)

(주)북랩 성공출판의 파트너

북랩 홈페이지와 패밀리 사이트에서 다양한 출판 솔루션을 만나 보세요!

홈페이지 book.co.kr   •   **블로그** blog.naver.com/essaybook   •   **출판문의** book@book.co.kr

작가 연락처 문의 ▶ ask.book.co.kr

작가 연락처는 개인정보이므로 북랩에서 알려드릴 수 없습니다.

성 령 께 서
말 씀 하 신

귀신의 비밀

Secret of the Evil Spirits　　신상래 지음

북랩 book Lab

오래전에 즐겨보던 TV 프로그램의 '동물의 왕국'에서는 약육강식의 법칙이 무엇인지 적나라하게 보여주었다. 약한 동물은 강한 동물의 먹잇감이 되는 세계이다. 그래서 먹이사슬의 위에 있는 포식동물이 군림하고 있으며 강한 동물이 약한 동물의 생명줄을 쥐고 있다. 약한 동물들의 방어책은 새끼를 많이 낳아 잡아먹히더라도 개체 수를 유지하든지, 아니면 도망치는 능력을 극대화하는 것뿐이다. 그러나 병이 들어 연약하거나 잘 뛰지 못하는 새끼들은 언제나 맹수들의 밥상 위에 올라간 고기반찬이다. 인간은 최상위의 포식자이므로, 어떤 포악한 동물도 두려워하지 않는다. 그러나 당신이 미처 알지 못하는, 인간보다 탁월한 능력을 지닌 포식자가 있다. 그들이 바로 악한 영들이다. 그래서 당신은 그 포식자들이 우글거리는 영적 세계에 대해 얼마나 알고 계시는가?

　아직 잘 모르고 계신다면, 당신은 악한 영의 아침 식사일 운명인 게 분명하다.

그러나 필자의 주장을 곧이곧대로 듣는 이들은 거의 없을 것이
다. 자신이 악한 영의 먹잇감으로 살아가고 있다는 것을 말이다.
악한 영은 정글의 맹수처럼 날카로운 이빨과 발톱으로 먹잇감의
목줄을 단박에 물어뜯어 생명을 앗아가는 놈들이 아니라, 죄의
덫에 걸려들게 만들어 불행에 빠뜨려 고통을 주고 생명과 영혼을
사냥하는 놈들이다. 맹수에게 걸려든 먹잇감은 생명을 빼앗기는
순간의 시간이 지나면 더 이상의 고통은 없다. 이미 죽은 몸이기
때문이다. 그러나 귀신들은 아니다. 사람이 죽어서 지옥 불에 던
져질 때까지 뼈를 깎고 살을 저미는 고통을 지속해서 준다. 그래
서 이놈들은 사파리의 포식동물과 비교할 수 없이 잔인하고 섬뜩
한 놈들인 셈이다. 그래서 당신은 이놈들과 싸워 이길 수 있는 능
력을 지니고 있는가?
　당신이 귀신들과 싸워 이길 수 없다면 당신은 이놈들의 먹잇감
이 될 것이며, 당신에게 귀신들을 쫓아낼 수 있는 영적 능력이 있

다면 거꾸로 이놈들은 당신의 먹잇감이 될 것이다. 말하자면 영적 약육강식의 법칙이 적용되는 것이다. 그러나 여전히 당신은 필자의 주장에 반신반의하고 계실 것이다. 당신이 귀신들의 정체와 공격을 재빠르게 인지하고 막아내며, 귀신들이 잠복한 사람들에게서 귀신들을 쫓아내고 있다면 당신은 귀신들의 포식자일 것이며, 귀신들의 존재에 대해 무지하며 귀신을 쫓아내는 일과 상관없이 살아가고 있다면, 귀신들은 당신의 먹이사슬의 우위에 있는 두려운 존재일 것이다. 그러므로 귀신들과 싸울 힘도 없고 싸우지 않는 사람들은 100% 귀신들의 공격에 고통당하며 신음하며 살아가고 있을 것이다. 그렇다면 당신이 지금까지 살아온 삶을 찬찬히 살펴보라. 기쁘고 평안하며 행복한 삶을 살고 계시는가, 아니면 건조하고 냉랭한 영혼으로 고단하고 팍팍한 삶을 살고 계시는가? 만약 당신이 후자의 모습이라면 귀신의 먹잇감으로 살아가고 있음에 틀림이 없다. 안타깝게도 대부분의 교인이 악한 영의 정체나 공격 계략에 대해 무지한 채로 살아가고 있는 것이 우리가 마주한 차가운 현실이다.

필자가 사역을 시작하기 전에, 성령께서 앞으로 필자가 해야 할 사역에 대해 적지 않은 말씀을 해주셨다. 그중의 하나가 바로 악한 영의 정체와 공격에 대한 정보였다. 그리고 3년 동안 훈련을 받은 후에, 충주의 한적한 시골에 영성학교를 시작하게 해주신 지도 벌써 7년이 훌쩍 넘었다. 그동안 귀신이 잠복한 수백 명의 사람에게서 귀신을 쫓아내며 귀신들이 일으킨 정신질환과 고질병을 치유하면서 사역을 진행해오고 있다. 성령께서 해주신 말씀들은 『예언 노트』라는 책으로 출판하여 누구나 서점에서 구입할 수 있다. 다른 말씀들은 성경에 비추어보아 이해하는 게 그리 어렵지 않다. 그러나 귀신들은 눈에 보이지 않고 귀에 들리지 않으며 과학적으로 증명되지 않은 존재이기에 이들의 정체와 활동, 공격

등을 아는 것은 불가능하다. 그러나 성령께서는 필자에게 귀신을 쫓아내고 활동성을 알리라고 명령하셨기에, 그동안 포털사이트의 카페나 블로그에 칼럼과 유튜브 채널에 동영상을 올리고 책을 출판하면서 알리고 있는 중이다. 이번에는 성령께서 해주신 말씀과 더불어 필자가 축출사역을 하면서 체험한 경험을 토대로 자세한 설명을 덧붙이면서 귀신의 정체와 활동에 대한 이해를 돕고 싶다. 악한 영을 제대로 알지 못하면 영적 전쟁에서 이길 수 없으며 포로로 잡혀 생명과 영혼을 도륙당해야 하는 끔찍한 결과를 받아들여야 하기 때문이다. 그래서 이번에 성령께서 필자에게 악한 영에 대해서 말씀하신 내용에 필자의 해설을 덧붙여 책으로 만들게 되었다. 이 책이 그동안 베일에 싸여 있던 악한 영의 정체와 공격을 세상에 환히 드러내어 악한 영에 속박된 영혼들을 구해내고 하나님의 나라로 돌려드리는 디딤돌이 되었으면 좋겠다.

충주의 한적한 시골에서, 쉼목사

목차

001 좀비들의 유혹을 조심하라.

좀비라는 단어는 아이티의 민간신앙인 부두교의 전설에서 유래한, 살아 움직이는 시체를 말한다. 영화나 게임, 소설 등에 소재로 사용되어 낯익은 단어이기도 하다. 좀비를 조종하는 이들은 부두교 주술사이다. 주술사가 원하는 대로 시체를 조종하여 사람들에게 두려움을 주어 지배하는 도구로 사용하고 있다는 내용이다. 그런데 성령께서 좀비라는 단어를 사용하신 것은 좀 낯설었다. 성령께서 좀비라고 칭하는 이들은 마귀들의 조종을 받는 사람들을 말한다. 즉 귀신들이 사람의 머리를 타고 앉아 자기 생각을 넣어주어 조종하는 것이다. 그렇다면 실제 이들이 누구인지 아는 것은 어렵지 않다. 성령의 사람이 아닌 모든 사람이 바로 귀신의 조종과 지배를 받는 사람들이다. 그중에서도 지위가 높고 학식이 풍부하고 권력이 있거나 돈이 많은 부자들은 사람들에게 영향력을 끼치는 위치에 있다. 교회에서도 마찬가지이다. 신학자, 목사, 장로 등의 교회지도층 인사들의 머리를 타고 앉아 그들에게 자기 생각을 넣어주어 속이는 이들이 바로 좀비인 셈이다. 예수님 당시의 바리새인과 서기관들이 바로 귀신들의 좀비였다. 그래서 예수님은 그들을 향해 독사(귀신)의 새끼라고 저주하시며, 두루 다니며 교인 한 사람을 만나면 배나 지옥 자식을 만든다고 책망하신 이유이다. 이 시대의 우리네 교회에도 귀신의 조종을 받는 좀비들이 널려 있다. 성령께서는 필자에게 대부분의 교회 지도자들에게 미혹의 영이 머리를 타고 앉아 자기 생각을 넣어주어 속이고 있고, 대부분의 교인이 미혹의 영의 지배를 받고 있다는 섬뜩하고 두려운 말씀을 해주셨다. 이러한 이 사실을 아는 이들은 전혀 없으며, 설령 필자가 이 말을 한다고 해도 누가 받아들이겠는가? 그러나 필자는 그동안 귀신이 잠복한 수백 명의 사람에게서 귀신을 쫓아내고 귀신들이 일으킨 정신질환과 고질병을 치유하면서 이 사실을 증명하는 중이다. 그러므로 필자의 주장이 사실인지 아닌지는 그간 영성학교에서 해 온 사역을 확인하면서 분별하기 바란다.

002 사냥하는 영들을 조심하라.

죄를 짓는 자는 마귀에게 속하나니 마귀는 처음부터 범죄함이
라 하나님의 아들이 나타나신 것은 마귀의 일을 멸하려 하심이
라(요일3:8)

사냥이라는 단어는 산짐승을 총으로 쏘아 죽이는 일을 말한
다. 그렇다면 사냥하는 영이란 누구이며 무슨 뜻인가? 바로 악한
영들을 말한다. 악한 영들은 죄의 덫을 놓고 걸려들게 만들어서
불행에 고통에 빠지게 하여 생명과 영혼을 사냥하여 지옥의 불
길에 던져지게 하는 놈들이다. 그래서 예수님이 이 땅에 오신 목
적이 바로 사람들로 하여금 죄를 짓게 만들어서 속박하고 포로
로 만드는 마귀의 악행을 더는 못하게 하기 위해서였다. 그래서
죄가 하나도 없으신 예수님께서 우리의 죄를 대신해서 십자가에
서 죽으심으로, 그 보혈의 공로를 믿는 모든 백성에게 의롭다고
인정해주신 것이다. 하나님은 거룩하시기 때문에 죄를 미워하시
며 죄인을 가까이하실 수 없는 분이시다. 그래서 죄가 없는 의인
들을 천국에서 영원히 같이 살게 해주신다. 그래서 이를 시기하
고 질투하는 마귀들과 귀신들은 하나님의 백성들이 천국에 들어
가지 못하도록 집요하게 공격하여 죄인으로 만들어서 지옥의 불

구덩이에 같이 들어가려고 수단과 방법을 가리지 않고 공격하여 생명과 영혼을 사냥하고 있는 이유이다. 그러나 우리네 교회에서는 3분짜리 영접기도를 마치고 주일성수를 하면 구원을 받았다고 가르치면서, 거룩한 하나님의 교회에 어떻게 마귀가 범접하며, 빛인 하나님의 백성들에게 귀신들이 어떻게 공격하고 잠복할 수 있냐면서 선문답 같은 말로서 안심시키고 있으니 기가 막힌 일이다. 그렇다면 계시록에서 '이기는 자'가 생명책에서 이름을 지우지 않겠다고 하신 예수님의 말씀(계3:5)을 무시하고 멸시하는 게 아닌가? 이기는 대상은 죄이고 죄를 부추기어 죄를 짓게 하는 마귀이다. 그러므로 이들의 정체와 공격을 알아채고 조심하여 이들의 덫에 걸려 넘어지지 않도록 해야 하며, 이들이 공격하며 피 터지게 싸워서 승리해야 한다. 그러나 우리네 교회는 귀신의 정체와 공격에 대해 무지하며, 거짓된 가르침으로 귀신들의 공격으로부터 안심시켜 영적 잠에 빠지게 하고 있으니 기가 막힌 일이다. 영적 잠에 빠지게 된 이유는 미혹의 영이 우리네 교회 지도자들을 속이는 데 성공했기 때문이다. 그러므로 악한 영의 정체와 공격에 무지한 사람들은 천국에서 얼굴을 볼 일이 결코 없게 될 것이다. 싸우지도 않는 자들은 결코 이기는 자가 될 수 없기에 말이다.

003 앞으로 일어날 일을 말하겠다. 악한 영들이 우는 사자처럼 달려들어 주의 종들의 머리를 공격할 것이다. 마귀는 양들의 목자를 주로 사냥한다. 자구책을 마련하라.

군대에는 특등사수로 이루어진 저격병이 있다. 저격병은 전투가 일어나면 병사들과 멀찌감치 떨어져서 은폐하고 숨어서 적의 지휘자를 노리고 있다. 저격병의 총은 총신이 길고 망원렌즈가 달려있어 먼 거리에도 정확하게 맞출 수 있도록 특수 제작되었다. 왜 저격병이 지휘관만 노리는지 아는가? 지휘관이 없는 부대는 오합지졸이기 때문이다. 영적 전쟁도 이와 다르지 않다. 귀신의 군대 체계는 총대장격인 사탄의 휘하에 지휘관급인 마귀와 부하격인 귀신들로 이루어져 있다. 그래서 고급영인 마귀들은 귀신들을 이끌고 싸우고 있는 형국이다. 그래서 지휘관인 마귀들은 교회 지도자를 집중적으로 공격하여 교회를 무너뜨리고 있다. 특히 종말이 가까울수록 마귀들은 더욱 사나워져서 흉포하게 날뛰고 있다. 교회 지도자들은 신학자나 목사, 장로, 권사 등의 중직자이다. 이들에게는 미혹의 영인 마귀들이 머리를 타고 앉아 자신들의 생각을 넣어주고 속이고 있음은 물론이다. 그래서 성령께서는 자구책을 마련하라고 명령하신 이유이다. 자구책은 교회 지도자들을 집중적으로 공격하는 미혹의 영의 정체와 공격을 알아채고 이들의 공격을 방지하고 쫓아내야 할 것이다. 그러나 안타깝게도 우리네 교회에서는 거룩한 교회에 어떻게 귀신들이 범접하며, 빛인 하나님의 자녀에게 귀신들이 어떻게 잠복하느냐면서 선문답 같은 얘기만 하고 있으니 기가 막힌 일이다. 이 같은 목사들의 생각은 죄다 미혹의 영에 속아서 영적 잠을 자는 증거이다. 어쨌든 앞으로는 치열한 영적 전쟁에 대비하는 사람들만이 살아남아서 천국에 입성할 것이 불 보듯 환한 일이다.

004 다오 다오 하는 영들을 조심하라.

거머리에게는 두 딸이 있어 다오 다오 하느니라 (잠30:15)

성경에서 말하는 거머리는 누구인가? 바로 탐욕스런 악한 영들을 말하고 있다. 그렇다면 거머리의 딸 역시 귀신의 자녀들일 것이다. 귀신들은 교인들을 속여서 탐욕을 구하는 기도를 하게 만들어서 하나님의 뜻을 멀리하고 죄의 덫을 놓고 죄를 짓게 만들어서 죄인으로 만들고 있다. 그렇다면 교회 안에 기도하는 사람들의 기도목록을 살펴보자. 목사들은 대형교회의 담임목사가 되는 목회 성공을 위해 전도를 외치며 교회신축을 요청하는 기도를 요구하고 있고, 교인들은 자신들이 세상에서 잘되고 성공하며 부자가 되고 자녀들이 잘 되는 세속적인 기도에 열심일 뿐이다. 그 어디에도 하나님의 이름을 부르고 찬양하며 감사하고, 죄를 고백하며 회개하며 하나님의 뜻을 구하는 기도는 찾아볼 수 없다. 예수님이 가르쳐주신 주기도문이나 바울의 기도문, 시편의 다윗의 기도문을 따라 할 생각이 없다. 죄다 세상에서 잘 되는 복만을 주구장창 외치고 있으니 기가 막힌 일이다.

005 교회를 어둡게 하고 교회 지도자를 귀 먹게 하는 악한 영을 조심하라.

여호와께서 이르시되 가서 이 백성에게 이르기를 너희가 듣기는 들어도 깨닫지 못할 것이요 보기는 보아도 알지 못하리라 하여 이 백성의 마음을 둔하게 하며 그들의 귀가 막히고 그들의 눈이 감기게 하라 염려하건대 그들이 눈으로 보고 귀로 듣고 마음으로 깨닫고 다시 돌아와 고침을 받을까 하노라 하시기로(사6:9,10)

위의 이사야의 말씀은 독자로 하여금 경악하게 만들기에 충분하다. 하나님께서 자신의 종을 보내어 백성들의 마음을 둔하게 하고 귀가 막히고 눈이 감기게 하고자 명령하셨기 때문이다. 그 이유는 백성들이 하나님의 뜻에 순종하지 않았기에 하나님께서 그들을 징벌하시고자 하셨기 때문이다. 그렇다면 귀신의 정체는 누구인가? 하나님의 피조물로서 범죄한 천사들이다. 그래서 하나님은 그들의 속성과 목적을 이용하여 믿음을 테스트하거나 고난의 도구로 사용하고 계신다. 사탄과 귀신들은 원래 천사들로 지음을 받아 하나님을 섬겼지만, 교만하여져서 하나님을 배반하고 범죄하여 하나님의 진노를 받아 땅으로 쫓겨났으며 지옥의 불구덩이에 들어갈 운명이다. 그들은 사람들이 하나님의 사랑을 받는 것을 시기 질투하여, 수단 방법을 가리지 않고 하나님의 백성들을 죄인으로 만들어 지옥에 던져지게 하려고 혈안이 되어 있다. 특히 고급영인 마귀들은 교회 지도자들을 속여서 하나님의 뜻에 순종하지 못하게 성경을 자의적으로 해석하고 아전인수식으로 받아들여 교인들을 가르치게 한다. 그래서 교회 지도자들은 미혹의 영의 계략에 넘어가서 성경을 지식으로 배우고 가르쳐서 교인들에게 하나님의 뜻을 깨닫지 못하게 하고 있다. 교회가 어둠이 들어차서 어둡고 캄캄하게 되었으니 안타깝기 짝이 없다. 성령께서 미혹의 영을 조심하고 그들의 계략을 간파하여 넘어가지 말라고 하신 이유이다.

006 불안, 초조, 염려를 일으키는 마음을 원수 마귀가 잡고 있다.

귀신들이 하는 일은 죄의 덫을 놓고 걸려들게 만들어서 죄를 짓게 하는 것이다. 죄인이 되면 하나님이 도우실 수 없기 때문이다. 하나님은 죄를 미워하시며 죄인을 가까이하실 수 없는 거룩하신 분이시기에 말이다. 세상에서는 비도덕적이거나 현행법을 위반하는 것을 죄라고 말한다. 그러나 성경은 그렇지 않다. 성경에서 말하는 죄는 하나님이 싫어하는 모든 것이 죄이다. 그러므로 세상에서 말하는 죄의 범주보다 훨씬 크다. 그렇다면 위에서 말하는 불안, 초조, 염려가 왜 죄가 되는가? 바로 하나님을 믿지 못하는 불신앙이기 때문이다. 하나님은 자신의 백성들에게 자신을 믿고 걱정하고 염려하지 말라고 명령하셨다. 그러므로 어떤 부정적인 환경과 암울한 상황에서도 하나님이 지켜주시고 선한 길로 인도해주실 것을 믿어야 한다. 그러나 귀신들은 이런 믿음을 빼앗고 걱정과 염려, 불안과 초조함을 넣어주어 불신앙의 죄를 짓게 만든다. 그러므로 마음과 생각에 이런 부정적인 생각이 들어오면 마귀가 공격하는 것으로 알고 즉시 예수 피로 물리쳐야 한다. 그러나 부정적인 생각을 여과 없이 받아들여서 불안해하고 걱정하게 되면 죄를 짓고 마귀의 지배를 받게 될 수밖에 없다. 교인들은 성경을 읽거나 설교를 들으면서 이런 부정적인 생각을 버리라는 권면을 받지만, 실제 그런 환경과 상황이 닥치면 두려움과 공포에 휩싸이게 마련이다. 이는 평소에 악한 영과 싸우는 훈련이 되어 있지 않기 때문이다. 전쟁터에 나가기 전에 병사들이 훈련을 받듯이, 영적 전쟁을 대비해서 악한 영과 싸우는 훈련이 되어 있어야 한다. 그렇지 못하기에 번번이 패해서 귀신들의 먹잇감이 되고 마는 일이 우리네 주변에 흔하다. 안타까운 일이다.

007 교회가 기도를 못 하고 있는 것 중의 하나가 좀비들의 행위이다.

작금의 교회에서 기도 소리가 잦아들고 있는 상황은 어제오늘의 일이 아니다. 70~80년대에 전국 방방곡곡에 빼곡했던 기도원들은 대부분 문을 닫았으며, 교회마다 새벽기도회에 수많은 교인으로 성황이던 시절도 옛날의 추억에 불과하다. 왜 교회가 기도하는 것을 잊었는지 아는가? 성경대로 기도를 가르치지 않기 때문이며, 목사와 교인들도 하나님의 뜻대로 기도하기보다 자신의 욕심을 채우고 세속적인 삶을 이루기 위한 목적으로 기도하기 때문이다. 하나님의 방식이 아닌 기도와 하나님의 뜻과 무관한 기도를 했기 때문에, 하나님으로부터 아무런 기도 응답이 없자 교인들이 더는 기도 자리에 나오지 않게 되었다. 결국 교회가 기도를 못 하게 된 이유는 하나님의 뜻과 무관하게 기도행위를 지도하고 인도해왔던 교회 지도자들의 무지와 어리석음 때문이다. 성경은 장소와 시간에 관계없이 언제 어디서나 쉬지 말고 기도하라고 기록하고 있지만, 교회 지도자들은 교회와 기도원에서의 특정한 장소와 시간에 기도회에 참석하는 기도방식을 시행했으며, 성경은 하나님의 이름을 부르며 높여드리면서 하나님과 깊고 친밀하게 교제하는 기도를 하라고 명령하였지만 교회 지도자들은 자신들의 욕심을 채우는 기도목록을 외치라고 가르쳤으니 말이다. 이는 미혹의 영이 교회 지도자들의 머리를 타고 앉아 자기 생각을 넣어주어 속이기 때문이다. 말하자면 교회 지도자들이 귀신의 소리를 듣고 귀신이 시키는 대로 하는 좀비가 되었으니 기가막힌 일이다.

008 선제공격을 하라.

선제공격이란 적이 공격하기 전에 먼저 선수를 쳐서 공격하는 것을 말한다. 성령께서는 귀신들과 싸울 때 유효한 전략으로 선제공격을 하라는 말과 더불어 속사포를 쏘라는 말씀도 해주셨다. 속사포는 쉴 새 없이 포탄을 쏘아 붓는 것을 말한다. 말하자면 영적 전쟁도 세상에서의 전쟁처럼 피 터지게 싸우는 현장에 있기 때문이다. 그러므로 영적 전쟁에 대해 무지하거나 실감 나지 않는 사람들은 이미 귀신들의 포로가 되었다고 보면 틀림없다. 그렇다면 성령께서 말씀해주신 선제공격의 필요성에 대해 살펴보자. 귀신들은 불신앙과 부정적인 생각을 집요하게 넣어주어 이를 받아들이게 하여서 죄를 짓게 만드는 공격을 하고 있다. 그러므로 불신앙과 부정적인 생각을 받아들이게 되면 머릿속에서 증폭시켜서 끊임없이 이러한 생각에 사로잡히게 한다. 그래서 이들의 공격이 시작되면 즉시 싸워야 하는데, 기도의 내공이 부족하거나 기도훈련이 부족한 사람들은 이에 제대로 맞서 싸우지 못하는 일이 비일비재하다. 그래서 귀신들의 공격이 시작되기 전에, 먼저 예수피를 전심으로 외치면서 쫓아낸다면 이들도 쉽사리 공격하지 못한다. 귀신들이 부정적인 생각을 넣어주는 상황은 기도할 때도 있지만, 자신들이 조종하는 좀비나 사람에게 자신들의 생각을 넣어주어 공격하기 십상이다. 그러므로 상대방이 분노와 짜증을 터뜨리기 시작하면 즉시 마음속으로 예수피를 외치면서 자신의 생각에 영향을 끼치지 못하도록 축출기도를 해야 한다. 이렇게 선제공격은 귀신들의 공격이 예상될 때나 부정적인 공격에 사로잡히기 쉬운 상황이나 환경에 있을 때 사용하는 탁월한 전략이다.

009 감정의 기복이 심한 자들은 악한 영이 있다.

감정은 생각의 또 다른 산물이다. 말하자면 슬픔, 분노, 걱정, 염려, 짜증, 억울함, 자괴감 등의 감정은 부정적인 생각의 산물인 셈이다. 악한 영들은 이렇게 불신앙과 부정적인 생각을 넣어주어 두려움과 공포, 불안과 염려, 슬픔과 절망의 감정에 휩싸이게 만든다. 그러나 정상적인 생각으로 살아가는 이들이라면 이런 감정이 없는 사람은 없을 것이다. 그러나 미혹의 영이 머리를 타고 앉아 생각을 넣어주어 조종하는 사람이라면 상황이 다르다. 말하자면 자신이 지혜롭고 합리적으로 생각하거나 성경적인 잣대로 생각한 것이 아니라 악한 영들이 넣어주는 생각을 받아들였기 때문에, 이들의 조종에 따라 롤러코스터를 타기 때문에 감정의 기복이 심할 수밖에 없다. 특히 감정의 기복이 심해서 툭하면 화를 내지만, 금세 평상심으로 돌아오는 상태를 반복하는 사람들이 그렇다. 이런 사람들은 자신은 뒤끝이 없다고 말하지만 실제는 미혹의 영이 분노를 터뜨리게 조종하여 놀아나는 사람이기 때문에 금세 화를 낸 사실조차 잊어먹는다. 어쨌든 분노와 짜증, 슬픔, 억울함을 자주 반복하면서 감정이 기복이 심한 사람은 악한 영이 잠복해 있기 때문에 이런 사람을 대할 때는 귀신들의 공격이나 영향을 받지 않도록 조심하며 거리를 두어야 한다. 그러나 배우자나 부모, 자식 등의 가까운 가족이라면 피하기도 쉽지 않을 것이다. 그러므로 이들의 공격을 받지 않도록 거리를 두거나 공격의 빌미를 제공하지 않도록 조심해야 한다. 그러나 궁극적으로는 기도의 내공을 쌓아서 악한 영의 공격을 무력화시킬 수 있는 성령의 능력을 보유해야 할 것이다.

010 먹이사슬에 대해 이해하라.

학창시절의 생물 도감을 보면 먹이사슬에 대한 그림을 본 적이 있을 것이다. 생물 사이에 포식자와 피식자의 먹고 먹히는 관계가 마치 사슬처럼 연결되어 있다고 해서 먹이사슬이라는 명칭이 붙었다. 그런데 기가 막히게도 성령께서 먹이사슬이라는 단어를 사용하셨다는 것이 기이했다. 성령께서 말씀하신 먹이사슬의 개념은 사탄 - 마귀 - 귀신 - 사람의 순서였다. 사탄은 마귀와 귀신들로 이루어진 악한 영의 군대를 통솔하며, 마귀는 고급영으로 사탄의 조종을 받아 부하격인 귀신들을 지휘하고 있다. 그런데 사람이 먹이사슬의 맨 마지막에 있는 게 섬뜩하지 않은가? 악한 영의 조직에서 가장 힘이 없는 귀신이라도, 범죄하고 내쫓겨서 그렇지 천사와 동급의 영적 능력을 가지고 있다. 말하자면 귀신은 사람의 생각을 읽고 나서 머리를 타고 앉아 자기 생각을 넣어주며 속이는 능력이 탁월하다. 또한 몸 안에 잠복해서 뇌세포를 파괴하고 장기를 망가뜨리며 쇠약하게 만들어서 고질병에 걸리게 하여 불행과 고통을 주어 영혼과 생명을 사냥하는 무서운 놈들이다. 마귀는 귀신들의 우두머리로, 수많은 귀신을 몰고 다니면서 사람들을 사냥하고 있다. 사탄은 자신의 휘하에 수많은 마귀를 두고 각계각층의 지도자들에게 들어가서 그들의 머리를 타고 앉아 조종하게 하므로 세상을 지배하고 통치하고 있다. 그래서 성경에는 사탄을 가리켜 세상의 왕이라고 말하고 있는 이유이다. 이 먹이사슬을 이해하지 못하는 사람들은 죄다 사탄의 손아귀에

잡혀있다고 보면 틀림없다.

011 좀비들의 영향을 執刀(집도)하라.

執刀(집도)라는 단어는 잘 쓰지 않는 어려운 단어인데, 성령께서 이런 낯선 단어를 사용하셔서 놀라기도 했다. 집도라는 뜻은 수술이나 해부를 하기 위해 칼을 잡는다는 뜻이다. 그렇다면 좀비들의 영향을 집도하라는 뜻을 이해하는 게 그리 어렵지 않을 것이다. 좀비는 귀신들이 머리를 타고 앉아 조종하는 사람들이다. 그러므로 이들의 영향을 집도하라는 뜻은, 이들이 교묘하게 넣어주는 공격을 예수피를 외치면서 싸워 쫓아내라는 의미이다. 그러하면 좀비들이 누구인지, 어떤 수단과 방법으로 공격하는지에 대해 잘 알아야 할 것이다. 좀비들이 공격하는 것은 상상을 초월한다. 보통 사람들이 원하는 것을 읽어내고 그것들을 미끼로 속이기 때문에, 이들이 넣어주는 생각을 분별하는 것은 실로 어려운 일이다. 그러므로 귀신의 전략과 공격계략에 대해 해박하게 알아야 한다. 그러나 아쉽게도 우리네 교회는 속이는 영에 대해 전혀 알지 못하고 있다. 귀신들의 공격계략은 죄의 덫을 넣고 유혹해서 걸려들게 만들어서 죄를 짓게 하여 죄인이 되게 하는 것이다. 그러나 성경에서 말하는 죄는 비도덕적이거나 현행법을 위반한 죄가 아니라 하나님이 싫어하는 모든 것들이 죄이며, 그중에서도 가장 교묘한 죄가 육체의 생각을 받아들여 자신이 소원하는 삶을 사는 것이다. 교회에 나온 대다수의 교인이 세상에서 잘 되고 성공하며 부자가 되고 싶어 하는 생각이 하나님의 뜻이 아니라 악한 영이 넣어주는 죄의 덫인지 아는 이들이 거의 없다. 그래서 우리네 교회에 기복신앙과 번영신학이 판치게 된 이유이다. 아무튼 좀비들이 넣어주는 교묘한 덫을 간파하고 싸워 쫓아내지 않는다면 좀비들의 포로로 살다 지옥의 불길에 던져질 운명인 셈이다.

012 미혹의 영들이 지금 날개 돋친 듯이 돋아있다.

미혹의 영이 지금 날개 돋친 듯이 돋아 있다는 성령의 말씀 역시 처음에 이해하기가 쉽지 않았다. 그래서 우리말 숙어 사전을 검색해보니 이 뜻을 어느 정도 가늠할 수 있었다. 새가 활활 날아 이곳저곳을 빠르게 다닐 수 있는 이유는 두 날개가 있기 때문이다. 그래서 미혹의 영이 날개 돋친 듯이 돋아 있다는 말은, 수많은 미혹의 영이 수많은 사람에게 다니면서 속여서 죄를 짓게 하여 생명과 영혼을 사냥하고 있다는 의미이다. 성령께서는 말세가 가까울수록 귀신들이 더욱 사납게 날뛰면서 사람들을 마구잡이로 공격하고 있다고 말씀하시기도 하셨다. 이 시대의 사람들이 더욱 사나워져서 잔인한 사건들이 도처에서 벌어지는 이유도 그러하다. 미혹의 영들이 사람들의 마음에 분노, 시기, 질투, 증오, 억울함, 불평, 원망 등의 생각을 넣어주어 닥치는 대로 사람들에게 폭력을 휘두르고 죽이는 사건들이 전 세계적으로 넘쳐나고 있다. 최근 코로나 사태로 인해 사람들의 마음이 더욱 불안해지고 공포와 절망감이 분노로 변질되어 드러나고 있기도 하다. 그러므로 앞으로 우리가 마주할 세상은 그동안 살았던 세상과는 비교가 될 수 없을 정도로 험악하고 폭력적이며 끔찍한 일들이 도처에서 벌어지는 세상이 될 것이 불 보듯 환하다. 미혹의 영들이 날개 돋친 듯이 돋아서 닥치는 대로 사람들을 공격해서 생명과 영혼을 사냥하고 있기 때문이다.

013 우리네 교회가 귀신을 쫓아내는 일을 기피하고 있다.

　요즈음은 귀신을 쫓아내는 사역을 하는 사역자가 거의 없다. 필자가 젊은 시절인 70~80년대만 하더라도 전국의 여러 기도원에서 귀신을 쫓아내고 정신병자를 치유하는 일이 허다하였다. 목회자가 아니라 영험한 평신도들도 귀신을 쫓아내는 일이 드물지 않았다. 그러나 작금의 우리네 교회에는 귀신을 쫓아내는 목회자나 교인들 찾아볼 수가 없다. 왜 그런지 아는가? 기도의 끈을 놓아버렸기에 귀신을 두려워하며 기피하기 때문이다. 예전에는 산에 올라가서 밤을 새워가며 나무뿌리를 뽑으면서 기도해서 정신질환이나 고질병이 치유되며 놀라운 성령의 능력이나 은사를 받았다는 이야기들이 흔했다. 그러나 지금은 교회에 기도 소리가 잦아든 지 오래되었다. 사정이 이러하다 보니 교회 내에서 귀신을 쫓는 일은 물론, 귀신 이야기조차 하지 못하게 입을 틀어막고 있다. 귀신을 쫓아내는 성령의 능력이 없는 교회는 귀신들이 먹잇감이다. 그래서 성령께서는 교회 안에 미혹의 영들이 운집하고 있다고 말씀하시기도 하였다. 귀신을 쫓아내는 일을 기피하는 교회에 무슨 희망이 있겠는가? 안타깝고 답답한 일이다.

014 미혹의 영을 조심하고 기도로 이겨라, 뱀들의 역사를
기도로 막아내라.

죄를 짓는 자는 마귀에게 속하나니 마귀는 처음부터 범죄함이
라 하나님의 아들이 나타나신 것은 마귀의 일을 멸하려 하심이
라 (요일3:8)

뱀과 독사는 귀신들을 상징하는 동물이다. 귀신들은 눈에 보
이지 않고 귀에 들리지 않으며 과학적인 방법으로 그들의 정체를
알 수가 없다. 그놈들은 사람의 생각을 읽어내어 이에 맞추어 자
신들의 생각을 넣어주어 속인다. 그러므로 이들을 이기는 방법이
사람에게는 없다. 오직 하나님의 능력으로만 이길 수 있다. 마귀
는 죄의 덫을 놓고 죄를 짓게 하여 불행에 빠뜨려 고통을 주어 생
명과 영혼을 사냥하는 무서운 놈들이다. 그래서 하나님은 죄가
없으신 예수님으로 하여금 십자가에서 우리의 죄를 대신하여 보
혈을 흘려주시게 허락하심으로, 그 이름을 믿는 자녀들에게 보혈
의 공로로 죄와 싸우고 죄를 부추기는 마귀를 이길 수 있는 길을
열어주셨다. 그렇다면 보혈의 능력은 어떻게 얻을 수 있는가? 바
로 기도이다. 기도는 하나님과 깊고 친밀하게 교제하는 통로이다.
그래서 하나님은 믿음에 찬 기도를 하는 사람들에게 성령의 능력

을 가슴에 새겨지게 해주셔서 마귀를 싸워 이길 수 있는 능력을 주셨다. 그러나 안타깝게도 우리네 교회는 십자가의 보혈을 관념적이고 사변적인 지식으로 받아들여 지식으로 머리에 쌓아두고 종교적인 예배의식과 희생적인 신앙 행위를 반복하는 종교적인 교인들을 양육할 뿐이다. 마귀와 싸워 이길 수 있는 능력은 보혈의 능력을 드러내는 기도의 힘이다. 그러므로 마귀와 싸워 이기는 정예용사가 되려면 날마다 성령과 깊고 친밀한 교제를 나누는 기도의 습관을 들여야 한다. 그러나 작금의 우리네 교인들은 하루에 10분도 기도하지 않는데, 어떻게 마귀와 싸워 이기는 기도를 할 수 있겠는가?

015 지옥의 권세를 이길 준비를 하라.

우리의 씨름은 혈과 육을 상대하는 것이 아니요 통치자들과 권세들과 이 어둠의 세상 주관자들과 하늘에 있는 악의 영들을 상대함이라 (엡6:12)

이기는 자는 이와 같이 흰 옷을 입을 것이요 내가 그 이름을 생명책에서 결코 지우지 아니하고 그 이름을 내 아버지 앞과 그의

천사들 앞에서 시인하리라(계3:5)

　성경은 우리가 싸워야 하는 대상이 바로 세상의 권세를 쥐고 통치하는 세상의 왕이자 악한 영들이라고 밝히고 있다. 그러나 우리네 교회는 이런 말씀에 대해 아무런 반응이 없다. 귀신의 정체에 대해 무지하며 이들과 싸워 이기는 영적 능력이 없기에 이런 말씀을 옛날이야기를 읽듯이 성경을 대하고 있다. 지옥의 권세를 가진 악한 영과 싸우는 영적 능력이 없는 사람들은 죄다 귀신의 포로가 되어 불행의 덫에 걸려 고통스럽게 살다가 지옥 불에 던져지게 될 운명이다. 그러므로 크리스천이라면 누구나 악한 영과 싸워 이기는 영적 능력을 얻어야 한다. 예수님은 계시록에서 죄와 싸우고 죄를 부추기는 악한 영과 싸워 이기는 자녀들에게 흰옷을 입히고 생명책에서 이름을 지우지 않겠다고 선언하셨다. 이 말씀을 뒤집으면, 싸우지 않는 백성들은 생명책에서 이름이 지워지고 지옥 불에 던져진다는 섬뜩한 말씀이 아닌가? 그러나 우리네 교회는 3분짜리 영접기도를 하면 구원을 절대 잃어버리지 않는다고 가르치고 있으니 기가 막히는 일이다. 그렇다면 위의 예수님의 말씀은 성경이 아니라 불경이나 코란이라도 되는가? 그래서 우리네 교회가 무능하고 무기력하며 교인들은 세상 사람들과 진배없이 고단하고 팍팍하게 살아가고 있는 이유이다.

지옥의 권세에 대해 무지하고 싸울 생각조차 하지 않고 있으니 말이다.

016 마귀는 집요한 미물이다.

'집요하다'라는 사전적인 의미는 고집스럽고 끈질기다는 뜻이 며, 미물(微物)은 벌레 따위의 하찮은 동물을 말한다. 그래서 위 의 말씀을 정리하면 귀신은 하나님 보시기에 하찮은 벌레에 불과 하지만 고집스럽고 끈질겨서 절대로 포기하는 일이 없다는 내용 이다. 문제는 그들의 목적을 이루기 위해서 한번 물면 절대로 놓 지 않는다는 데 있다. 그러나 대부분의 사람은 귀신의 정체도 모 르며 공격도 인지하지 못하고 있다. 그러므로 자신들이 얼마나 위험한 상황에 있는지조차 알지 못하고 있다면 이들의 손아귀에 서 벗어날 수 없다는 게 아닌가? 사실 필자가 그동안 수백 명의 귀신이 잠복한 사람들에게서 귀신을 쫓아내면서 알게 된 사실은, 이놈들은 손쉽게 포기하고 쫓겨나가는 놈들이 아니라는 것이었 다. 설령 쫓겨나갔다 하더라도 얼마든지 들어오려고 호시탐탐 기 회를 노리고 배회하고 있으며, 밖에서 생각으로 공격하는 것은 일상적인 상황이라고 보면 틀림없다. 그래서 이 땅에 사는 동안 이놈들과 끈질긴 싸움을 하면서 인생을 보내야 한다.

017 성전이 기도하는 것을 잊으면 미혹의 영들이 들어온다.

우리는 살아 계신 하나님의 성전이라 이와 같이 하나님께서 이르시되 내가 그들 가운데 거하며 두루 행하여 나는 그들의 하나님이 되고 그들은 나의 백성이 되리라 (고후6:16)

성전은 하나님이 계신 장소를 말하고 있으며, 위에서 말하는 성전은 우리 자신을 가리킨다. 물론 성령을 모시고 사는 크리스천들에게 해당되는 사실이다. 그래서 성령이 우리 안에 거주하시면, 늘 성령과 깊고 친밀한 교제를 나누는 영적 습관을 들여서 하나님의 뜻대로 살아가는 종이 되어야 할 것이다. 그런데 기도하지 않으면 어떤 일이 생기는가? 예전에 성령께서는 이틀만 기도하지 않으면 떠난다고 말씀하셨다. 그래서 사도바울은 쉬지 말고 기도하라고 하셨으며, 예수님도 항상 기도하고 깨어 있으라고 명령하신 이유이다. 그러나 기도를 하지 않는다면 성령과의 관계가 단절되는 것을 의미하며, 성령이 함께하시지 않는 사람들은 귀신들의 밥이 될 수밖에 없다. 그래서 기도하지 않는 사람에게 미혹의 영이 들어온다고 말씀하신 이유이다.

018 빈집에 악한 영들이 들어온다. 거라사 지방의 귀신들린 사람이 그렇다.

> 더러운 귀신이 사람에게서 나갔을 때에 물 없는 곳으로 다니며 쉬기를 구하되 쉴 곳을 얻지 못하고 이에 이르되 내가 나온 내 집으로 돌아가리라 하고 와 보니 그 집이 비고 청소되고 수리되었거늘 이에 가서 저보다 더 악한 귀신 일곱을 데리고 들어가서 거하니 그 사람의 나중 형편이 전보다 더욱 심하게 되느니라 이 악한 세대가 또한 이렇게 되리라 (마12:43~45)

예수님은 비고 청소되고 수리된 집에 악한 귀신들이 떼로 몰려들어 온다고 말씀하시고 있다. 그러나 이 말씀은 기이하다. 성령께서는 거라사 광인의 예를 들어, 빈집에 악한 영들이 들어와서 그렇게 되었다고 말씀하고 계시다. 거라사 지방의 광인은 집을 떠나 무덤에서 살면서 옷을 벗고 소리를 지르며 살았던 미친 사람이다. 그런데 이 사람에게 수천 마리의 귀신이 들어와서 이렇게 미치게 되었다. 성경에는 이 사람에게 왜 귀신들이 떼로 들어오게 되었는지에 대한 자세한 설명이 없지만, 성령께서는 이 사람이 빈집이었기 때문이라고 콕 집어서 말씀하고 계시다. 빈집이라는 의미는 성령이 거주하지 않는 집을 말한다. 성령이 거주하시는 사람은 성전이 되지만, 성령이 거주하지 않는 사람은 귀신들이 떼로 들어와서 정신을 황폐화하며 육체와 삶은 초토화하게 되는 것이다. 그러므로 쉬지 않고 하나님을 부르며 전심으로 성령을 간구하는 기도의 습관을 들이지 않는 사람들은 귀신들의 처소가 될 수밖에 없다. 그러므로 기괴한 정신질환자가 아니더라도 각종 고질병으로 고생하고 이런저런 불행한 사건 사고로 고통스럽게 사는 사람들이라면 죄다 귀신들의 처소를 제공하게 된 이유이다.

019 고통, 시기, 분쟁, 불안, 산란함은 악한 영이 넣어주는 것이다.

악한 영이 넣어주는 생각은 죄다 하나님이 싫어하시는 죄악 된 생각이다. 그래서 이런 생각을 받아들이면 죄를 짓게 되는 것이다. 그렇다면 위에서 언급한 고통, 시기, 분쟁, 불안, 산란함 등의 생각은 죄다 하나님이 싫어하는 불신앙에서 비롯된 마음의 상태이다. 시기와 질투는 미워하는 마음에서 시작되며 싸움과 분쟁을 유발하며 분열에 이르게 된다. 부부의 예를 들어보자. 가정의 분열은 미움과 증오, 분노와 짜증이 반복되면서 소모적인 부부 싸움의 결과이다. 그래서 이혼을 하고 가족들이 뿔뿔이 흩어진다. 이 과정에서 고통이 증폭되며 이혼 후에도 가족들은 슬픔과 고통 속에서 살아가게 된다. 산란함은 불안과 두려움의 또 다른 마음의 상태이다. 그래서 어느 한 곳에 마음을 집중할 수 없으며 평안과 기쁨이 들어올 틈이 없다. 이는 하나님을 믿는 불신앙의 죄악이다. 하나님은 죄를 미워하시며 죄인을 가까이하실 수 없는 거룩한 분이시다. 그래서 하나님이 싫어하시는 죄를 받아들여 귀신의 소리를 듣게 되면 하나님의 보호하심이 떠나 악한 영의 포로가 되어 평생 불행과 고통 속에서 살다가 지옥 불에 던져지는 것이다.

020 네 성전을 깨끗하게 해야 귀신들이 들락 달락 하는 것을 막는다.

성전은 하나님이 거주하는 우리들의 마음이다. 하나님은 거룩하신 분으로, 우리의 마음이 죄로 더러워져 있으면 거주하실 수 없게 된다. 그래서 날마다 예수 그리스도의 보혈로 죄를 용서받아 깨끗하게 씻어야 한다. 그러나 대부분의 크리스천은 성경에서 말하는 죄에 대한 깨달음이 턱없이 부족하다. 교회에서 죄를 가르치는 것을 기피하기 때문이다. 교인들이 죄를 지적하고 회개를 촉구하는 가르침을 싫어하기 때문에, 교인들의 눈치를 보는 목사들은 교인들이 듣고 싶어 하는 축복이나 덕담, 위로나 격려로 도배하는 설교만을 반복하고 있다. 죄란 하나님의 뜻과 예수님의 명령을 위반하는 모든 것들이 죄이다. 그러나 우리네 교인들은 비도덕적이거나 현행법을 위반한 죄에, 교회의 관행으로 내려오는 주일성수 등의 종교 행위를 하지 못하는 것에 죄책감을 가지고 있다. 성경에는 하나님의 뜻과 예수님의 명령하신 말씀들이 수도 없이 나온다. 그러나 교인들은 어떻게 그 모든 하나님의 뜻에 순종하며 살 수 있느냐고 손사래를 치면서, 자신이 할 수 있는 것과 자신이 하고 싶은 것만을 지키면서 교회 마당을 밟고 있다. 말하자면 하나님의 뜻과 예수님의 명령을 자신의 잣대로 걸러서 죄를 밥 먹듯이 짓고 있으면서 회개할 생각도 죄와 싸울 생각도 없이 살아가고 있는 셈이다. 그래서 죄로 더럽혀진 마음에 귀신들이 들락날락하며 영혼과 생명을 사냥하고 있다.

021 기도를 방해하는 것이 귀신들의 직업이다. 귀신들은 정신을 혼란스럽게 하여 기도를 방해한다. 그러므로 정신을 딴 데 두어서는 안 된다.

귀신들이 가장 집요하게 공격하는 것은 기도를 방해하는 것이다. 기도란 하나님과 교제하는 통로이다. 귀신들이 가장 두려워하는 사건이 하나님을 만나서 동행하는 것이다. 그런 일이 일어나면 자신이 통치하는 포로가 아니라 하나님의 백성이 되기 때문에 필사적으로 그런 일이 일어나지 못하도록 방해하는 것이다. 기도란 영이신 하나님과 내 영혼이 교제하는 것이기 때문에 기도시의 정신집중이 아주 중요하다. 그러므로 기도할 때는 기도의 대상인 하나님께 정신을 집중해야 한다. 귀신이 기도를 방해하는 공격을 하여 기도의 집중을 못 하도록 잡념을 넣어주는 일이 가장 일반적이고, 무서운 생각이 들게 하거나 관심이 있는 분야의 생각을 넣어주는 능력이 탁월하다. 남자는 직장이나 업무에 대한 생각을 넣어주며, 여자들은 집안일이나 쇼핑 등의 생각과 청소년이나 학생들은 공부나 친구, 혹은 게임 등 자신들이 가장 관심을 두고 있는 분야의 생각을 집요하게 넣어주어 기도에 집중하지 못하게 하는 것이다. 이럴 때는 예수피를 전심으로 외치면서 귀신들의 공격이 사라질 때까지 축출기도를 해야 한다.

022 자기 연민, 미움, 저주, 문제를 일으키고, 이집 저집 다니며 험담하고, 집요하고, 미혹하고, 어지럽히고, 교만하고, 도둑질, 절도, 강도, 돈에 집착, 낙이 없다고 하는 것들, 일에 집착하는 것, 번잡한 것, 만족이 없는 것들, 시기, 질투 - 이것들이 다 귀신의 작업이다.

위의 말씀들은 설명이 따로 필요 없다. 그냥 읽어도 귀신들이 어떻게 사람들의 마음을 조종하고 불행에 빠뜨려서 고통을 주는지 어렵지 않게 알 수 있다. 그중에서 몇 가지를 살펴보자. 먼저 자기연민이다. 자기연민이란 자기를 사랑하는 것이며, 이런 감정은 서러움에 펑펑 울음보가 터지는 게 흔하다. 하나님보다 더 사랑하는 것은 모두 우상이며, 그중에서도 자기를 사랑하는 죄를 인지하기 어려우며 회개하고 싸우는 것은 더 어렵다. 그러므로 자기연민의 마음이 들어올 때 즉시 쳐내고 싸우는 습관을 들여야 한다. 또한 돈에 집착하고 일에 빠지는 사람들이 우리 주변에 흔하다. 이 역시 귀신들이 돈을 사랑하고 성취욕에 사로잡혀 성공과 출세에 눈이 멀게 한다. 낙이 없거나 만족이 없는 것도 귀신들이 넣어주는 생각이다. 그래서 쾌락을 탐닉하고 알코올중독자나 게임 폐인이 되는 이유이다. 어쨌든 하나님보다 더 사랑하는 무엇이든지 죄다 우상이며 하나님이 싫어하시는 죄이며, 귀신들은 이런 생각을 넣어주어 죄를 짓게 하여 죄인으로 만들어서 생명과 영혼을 사냥하는 무서운 놈들이라는 것을 잊지 말아야 할 것이다.

023 미혹의 영이 지구를 덮고 있다.

이는 예수께서 이미 더러운 귀신을 명하사 그 사람에게서 나오라 하셨음이라 (귀신이 가끔 그 사람을 붙잡으므로 그를 쇠사슬과 고랑에 매어 지켰으되 그 맨 것을 끊고 귀신에게 몰려 광야로 나갔더라) 예수께서 네 이름이 무엇이냐 물으신즉 이르되

군대라 하니 이는 많은 귀신이 들렸음이라 (눅8:29,30)

　미혹의 영이 지구를 덮고 있을 만큼 많다는 말씀은 충격적이었다. 세상 사람들은 물론 적지 않은 크리스천들도 귀신의 존재조차 믿지 않거나 회의적인데, 속이는 영인 귀신들이 지구를 덮고 있을 만큼 많다면 누가 인정하겠는가? 그러나 위의 사건을 보라. 예수님께서 귀신에게 대화하거나 질문을 하신 게 딱 한 번 뿐이다. 왜 이런 질문을 하셨을까? 전능하신 하나님이신 예수님이 몰라서 질문하셨을 리가 없다. 성경에 기록되어 많은 이들에게 알려주시기 위해서이다. 거라사 광인에게는 수천 마리의 귀신들이 들어가 있었다. '군대'라고 번역한 헬라어 '레기온'은 당시 로마의 여단 병력으로 6천 명의 병사로 이루어져 있었으며, 수천 마리의 귀신들이 2천 마리의 돼지 떼에게 들어간 것으로 이를 증명하고 있다. 단 한 명의 사람에게 수천 마리가 들어가 있으니 지구를 덮고 있을 만큼 많다는 말씀이 당연하지 않은가? 그러나 귀신의 정체에 무지하고 귀신을 쫓아내는 능력이 없는 사람들이 이를 어떻게 이해하겠는가?

024 육신이 건강하지 못한 사람에게 빙의가 생긴다.

귀신들이 육신이 건강하지 못한 사람에게 들어와서 잠복한다는 말씀은 선뜻 이해하기가 어려웠다. 건강하지 못하다는 뜻은 질병이 있거나 쇠약하다는 뜻이 아닌가? 귀신들은 죄의 덫을 놓고 유혹하여 죄를 짓게 만들어서 몸에 들어와서 잠복하며 정신 질환과 고질병을 유발하고 있다. 그러나 현대의학으로는 이런 사실을 부정하고 미신이라고 폄훼하고 있다. 그러나 조상 때부터 무당들이 굿을 해서 병을 고치거나 절이나 심지어는 이단 교회에서도 질병을 치유하는 일은 다반사이지 않은가? 그러나 현대의학은 과학적으로 증명되지 않는 이러한 사실을 인정하지 않을 뿐 아니라 사람들을 미혹시키는 사악한 행위라고 비난하고 있기에 말이다. 현대의학에서 주장하는 질병의 원인이나 치료의 과정은 누가 봐도 사실이다. 그러나 몸을 쇠약하게 만들어서 질병에 쉽게 걸리게 하거나, 유전병으로 알려진 여러 종류의 가족력, 원인을 알거나 원인을 안다고 해도 치유방법이 없는 수많은 불치병의 원인에 대해 현대의학에서 해결할 방법이 없다. 그러나 성경을 보라. 예수님과 사도들은 각종 질병은 물론 맹인이나 귀머거리, 앉은뱅이 등의 장애를 회복시켰고 심지어는 죽은 사람까지 살리는 경이로운 능력을 보여주었다. 그리고는 이의 원인이 죄이며, 죄를 짓게 하는 귀신들이라고 콕 집어서 선포하셨다. 그러므로 예수 그리스도의 보혈의 능력에 힘입어 죄가 용서함을 받았다면, 그 증거로 질병이 낫고 장애에서 회복되는 것으로 증명해 보이면 된다. 그러나 우리네 교회에서는 이런 능력을 보이지 못하고 있기에, 하나님을 모르는 세상 사람들은 말할 것도 없이 성경이 진리라고 가르치는 목사들도 귀신을 쫓아내고 귀신들이 일으킨 질병을 치유하는 성령의 능력은 사도 시대에 한정된 하나님의 역사라고 폄훼하고 있다. 그러나 몸이 쇠약하고 고질병이 있는 사람들을 귀신들이 공격하여 빙의한다는 사실을 증명하는 길은, 귀신들을 쫓아내고 질병을 치유하는 것으로 증명해 보여야 할 것이다. 그동안 필자는 영성학교를 찾아온 수백 명의 사람에게서 귀신을 쫓아내고 정신질환과 고질병을 치유함으로 이를 증명해 보이고 있음은 물론이다.

025 미혹의 영들이 육신의 일을 도모하게 한다.

육신을 따르는 자는 육신의 일을, 영을 따르는 자는 영의 일을 생각하나니 육신의 생각은 사망이요 영의 생각은 생명과 평안이니라 육신의 생각은 하나님과 원수가 되나니 이는 하나님의 법에 굴복하지 아니할 뿐 아니라 할 수도 없음이라 육신에 있는 자들은 하나님을 기쁘시게 할 수 없느니라(롬8:5~8)

위의 로마서의 말씀은 교회의 설교에서 거의 들어볼 수 없는 말이다. 왜냐면 육신의 생각은 하나님의 원수인 귀신들이 넣어준다고 선포하고 있기 때문이다. 하나님이 싫어하시는 죄의 출처는 죄로 변질된 자아에서 비롯되기 때문에, 하나님의 뜻이 아닌 사람의 생각이자 육신의 생각은 죄다 귀신들이 넣어주는 죄악 된 생각인 셈이다. 성령께서는 사람의 머리를 타고 앉아 자기 생각을 넣어주어 속이는 미혹의 영이 육신의 일을 도모하게 만들어서 죄인의 길로 걸어가게 만든다고 말씀하셨다. 그러므로 자기 생각이 하나님의 뜻인지 아닌지 날카롭게 분별해야 미혹의 영이 쳐놓은 덫에서 벗어날 수 있다. 그러나 안타깝게도 우리네 교회는 자신의 소원을 이루고 세속적인 축복을 받기 위해서 교회에서 요구하는 각종 예배의식에 참석하고 희생적인 신앙 행위를 해야 한다고 가르치고 있으니 기가 막힌 일이다.

026 미혹의 영이 교회에 운집해 있다.

우리네 교회에서는 거룩한 교회에 어떻게 귀신이 범접하며 빛인 하나님의 자녀들을 어떻게 귀신들이 공격하느냐고 가르치고 있다. 그 말이 틀리지는 않는다. 성령이 함께하시는 거룩한 교회라면 귀신들이 얼씬도 못 할 것이며, 성령이 내주하시는 하나님의 백성이라면 귀신들이 들어올 엄두도 못 내고 있을 것이다. 그러나 죄를 밥 먹듯이 짓고 있으면서 죄와 싸울 생각을 하지 않는 교회나 교인들이라면 사정이 달라진다. 작금의 우리네 교회가 그렇다. 죄를 부추기는 귀신의 정체도 모르고 회개를 촉구하며 죄에서 돌이키고 죄를 유혹하는 미혹의 영과 피 터지게 싸워서 승리해야 한다고 가르치지 않는다. 이런 현상은 대부분의 교회 지도자의 머리에 미혹의 영이 타고 앉아 자기 생각을 넣어주어 속이고 있고, 대부분의 교인을 미혹의 영이 지배하고 있기 때문이다. 교회 안에 미혹의 영이 운집해 있기 때문에 이런 암울한 상황에 놓여있는 셈이다. 그러므로 귀신의 정체와 귀신과 싸우는 성령의 능력을 덧입는 영적 습관을 가르치지 않는 교회라면 필시 미혹의 영이 우글우글하다고 보면 틀림없다.

027 귀신들은 기도의 힘을 가장 두려워한다. 기도훈련이 어렵고 힘들더라도, 기도하는 것으로 귀신을 쫓아 내는 것이 어디 보통 능력이냐?

귀신들이 가장 무서워하는 존재가 누구인가? 바로 하나님이시다. 하나님은 이미 범죄 하여 이 땅에 쫓겨 와 있던 귀신들에게 무저갱의 형벌을 선포하셨다. 그래서 그들은 영원한 지옥에 들어갈 운명이며, 하나님을 가장 무서워한다. 그래서 하나님의 영이자 성령이 안에 들어와서 보혈의 능력을 가슴에 새긴 사람들의 기도를 가장 두려워하며 벌벌 떠는 것이다. 영성학교의 사역이 바로 귀신을 쫓아내는 영적 능력을 갖춘 정예 용사이자 기도의 사람을 훈련하여 배출하는 것이다. 그러나 귀신을 쫓아내는 영적 능력을 지닌 기도의 사람이 되는 길은 녹록지 않다. 쉬지 않고 하나님의 이름을 부르며 성령의 내주를 간구하는 기도의 습관을 들여야만 가능하다. 그러므로 이 기도훈련이 힘들더라도, 기도의 능력으로 귀신을 쫓아내는 성령의 사람이 되는 것은 실로 놀라운 일임이 틀림없다. 귀신이 두려워하는 사람이야말로 하나님이 기뻐하시며 사용하는 하나님의 사람이기 때문이다.

028 소돔과 고모라가 멸망한 이유는 기도를 하지 않고 귀신들만 불러들였다.

소돔과 고모라는 극한 성적 타락으로 하나님의 진노를 사서 불과 유황으로 불타서 멸망당했다. 그렇다면 왜 그들은 극심한 성적 타락으로 육체의 쾌락을 즐기는 데 혈안이 되게 되었는가? 바로 귀신들의 소리를 듣고 육체의 쾌락을 탐닉하는 유혹에 빠져들었기 때문이다. 귀신의 소리를 듣게 된 이유도 기도하지 않아서이다. 하나님은 기도하는 사람들에게 분별력을 주시고 죄를 유혹하는 귀신들과 싸워 이기는 영적 능력을 주신다. 그러나 소돔과 고모라의 백성들은 기도하지 않아서 결국 귀신들의 계략에 넘어가서 끔찍한 형벌을 받아 지옥의 불길에 던져졌으니 섬뜩한 일이 아닐 수 없다. 그러나 안타깝게도 작금의 우리네 교회가 그렇다. 대부분의 교인은 하루에 10분도 기도하지 않으며, 대부분의 목사도 하루에 30분도 기도하지 않는다. 기도하는 소수의 교인조차 하나님의 뜻을 구하며 하나님과 교제하는 기도가 아니라, 자신의 소원을 이루고 세속적인 욕망을 채우는 기도를 무한 반복하고 있으니 기가 막힌 일이다. 그래서 성령께서는 이 시대가 바로 소돔과 고모라의 시대와 다르지 않다고 말씀하셨다. 두렵고 떨리는 일이다.

029 염려와 걱정, 두려움은 기도를 방해하는 악한 영이다.

　귀신들이 가장 두려워하는 사건이 무엇인가? 바로 피조물인 사람이 주인이신 하나님을 만나는 것이다. 귀신들도 하나님의 피조물인 타락한 천사들로서 지옥의 형벌이 예정되어 있으며, 심판의 날이 되면 무저갱에 던져질 운명이라는 것도 잘 알고 있다. 그래서 하나님이 사랑하셔서 천국에 데려가기를 원하는 사람들이, 하나님을 만나지 못하게 하여 심판의 날을 연기하도록 하여 형벌의 날을 늦추도록 하고 있다. 귀신들이 기도를 못 하게 하는 공격은 다양하지만, 다른 기도가 아니라 하나님을 부르는 기도를 하면 공포와 두려움이 들게 하거나 걱정, 염려 등을 넣어주어 기도에 집중을 못 하게 하고 기도 자리에서 일어서게 만든다. 귀신들의 정체와 공격에 무지한 사람들이 기도의 습관을 들이기 어려운 이유이다. 하나님을 만나는 기도는 영적 전쟁이라는 사실을 잘 알아야 한다. 그러나 안타깝게도 우리네 교회는 귀신들의 정체와 영적 전쟁에 대해 무지하니 안타깝기 짝이 없다.

030 악한 영들이 기도를 못 하게 하는 것은 물론이고, 복을 받지 못하게 하는 것에도 능수능란하다.

오직 너희 죄악이 너희와 너희 하나님 사이를 갈라 놓았고 너희 죄가 그의 얼굴을 가리어서 너희에게서 듣지 않으시게 함이니라 (사59:2)

악한 영들은 시기와 질투가 나서 하나님과 친밀하게 교제하는 기도를 방해하는 것은 물론이고, 하나님의 축복을 못 받게 하는 일에도 탁월한 능력이 있다. 하나님이 누구를 축복해주시는가? 바로 하나님을 기쁘시게 하는 자녀이다. 그렇다면 그 반대로, 하나님은 죄를 미워하시며 죄인을 가까이하실 수 없다. 그래서 귀신들은 죄의 덫을 놓고, 사람들이 죄를 짓게 만들어서, 하나님과 사람 사이를 갈라놓아 하나님이 주시는 축복을 못 받게 한다. 그러므로 하나님이 싫어하시는 죄를 깨닫고 죄와 피 터지게 싸우지 않는다면 하나님이 내려주시는 축복의 수혜자가 될 수 없다.

031 귀신의 영을 받은 자들이 귀신의 일을 하고 있다.

뱀들아 독사의 새끼들아 너희가 어떻게 지옥의 판결을 피하겠
느냐(마23:33)

귀신의 영을 받은 자들이 누구인가? 바로 귀신이 머리를 타고 앉아 자기 생각을 넣어주어 속이는 자들로서, 성령께서는 이들을 좀비라고 말하기도 하셨다. 좀비는 귀신들이 조종하는 사람들을 말한다. 예수님은 바리새인과 서기관들을 향하여 뱀과 독사의 새끼라고 저주하셨다. 뱀과 독사는 악한 영을 상징하는 동물이며, 바리새인과 서기관들이 바로 귀신이 조종하는 좀비라는 뜻이다. 그렇다면 지금도 귀신의 소리를 듣고 귀신의 조종을 받는 이들이 널려 있을 것이다. 이들은 자신들도 죄를 밥 먹듯이 짓고 있으면서, 다른 이들로 하여금 죄의 길로 들어서게 만드는 사람이다. 세상 사람들은 말할 것도 없고 교회 안에도 이런 사람들이 허다하다. 상당수의 교회 지도자들도 마찬가지이다. 이들은 하나님을 앞세워서 자신의 탐욕을 채우고 자기 이름을 내고 있다. 그래서 예수님은 거짓 선지자와 삯꾼 목사들을 분별하는 척도로서, 그들에게 성령의 열매가 있는 지로 분별하라고 일갈하셨다. 안타깝게도 우리네 교회 지도자와 교인들에게 성령의 열매가 있는 자들

이 드문 실정이지 않은가? 두렵고 떨리는 일이다.

032 귀신들이 내 이름 안에 기도하는 영혼의 이름이 새겨져 있는 것을 안다.

우리가 기도하는 곳에 가다가 점치는 귀신 들린 여종 하나를 만나니 점으로 그 주인들에게 큰 이익을 주는 자라 그가 바울과 우리를 따라와 소리 질러 이르되 이 사람들은 지극히 높은 하나님의 종으로서 구원의 길을 너희에게 전하는 자라 하며(행 16:16,17)

귀신들이 가장 두려워하는 사람이 누구인지 아는가? 바로 성령이 함께하시는 사람이다. 그래서 이런 사람을 두고 하나님의 이름 안에 기도하는 자의 이름이 새겨져 있다고 표현하고 있다. 그러한 사실을 잘 말해주는 사건이 바로 점치는 귀신이 바울을 따라다니면서 괴롭혔다는 구절이다. 귀신들은 바울 안에 성령이 함께하시다는 사실을 알고 따라다니며 이 사실을 말하고 있다. 물론 귀신들이 바울의 사역을 알려서 하나님께 영광을 돌리려는 목적이 아니라, 괴롭혀서 사역을 방해하는 교묘한 계략이었지만 말이다. 어쨌든 귀신들은 사람의 영혼 안에 하나님의 이름이 새겨져 있는지를 보고, 어떻게 상대할지를 결정한다는 것을 명심하시라.

033 교만은 귀신들의 기름이다.

교만이 귀신들의 기름이라는 말씀은 진짜 중요한 사실이다. 귀신들이 공격하는 무기와 귀신들이 조종하는 좀비를 분별하는 주요한 잣대이기 때문이다. 귀신들은 사람들 안에 들어가서 자신들의 이름을 알리고 높이고 싶어서 안달이다. 그래서 귀신들이 조종하는 사람은 교만하고 오만하며 고집이 세고 자기중심적인 성품이 특징이다. 그래서 세상에서 성공하고 권력이 있고 부자이며 학식이 많은, 소위 잘난 사람들이 교만하기 쉽다. 그러나 성경에서 말하는 교만은 안하무인의 오만방자한 성품만을 말하는 것이 아니다. 하나님의 뜻과 예수님의 명령에 불순종하는 것이 최악의 교만이라고 말하고 있다. 교회 안에도 이런 사람들이 널려 있다. 특히 교회 지도자이거나 성경 지식이 많거나 기도 행위를 많이 하거나 은사가 많다고 주장하거나 신비로운 체험을 많이 하거나 희생적인 신앙 행위를 많이 한 사람 중에서 이런 성향이 더욱 많이 발견된다. 이런 사람들은 자기 의를 앞세우기 일쑤이며 자기 자랑에 열을 올린다. 특히 말로는 겸손한 태도를 보이지만, 자신을 알아주지 않거나 무시하는 것처럼 느껴지면 분노하거나 시험이 들기 일쑤이다. 그 이유는 그들의 속내가 교만하기 때문이다. 이런 사람은 귀신들이 조종하는 사람이므로 거리를 두고 조심하며 경계해야 할 것이다.

034 악한 영들도 다 내게 속하였고, 성령 안에 있으면 두려워할 것이 없다.

사울이 손에 단창을 가지고 그의 집에 앉았을 때에 여호와께서 부리시는 악령이 사울에게 접하였으므로 다윗이 손으로 수금을 탈 때에(삼상19:9)

이처럼 구약성경에 보면 악한 영들을 여호와께서 부리시는 영들이라고도 표현하며, 아합왕을 죽일 때도 어떤 영이 하나님께 나와서 자신이 선지자들의 입에 거짓말을 넣어주겠다고 제안하자 하나님께서 이를 수락하는 장면도 나온다. 욥의 시작도 하나님의 어전회의 때 사탄이 참석하여 제안하는 기이한 풍경을 보여주고 있다. 그렇다면 사탄이나 귀신들이 하나님의 부하인가 하는 생각이 드는 것도 이상한 일이 아닐 것이다. 악한 영들은 원래 천사로서 범죄하고 타락하여 하나님께 쫓겨난 신분이다. 천사는 인간처럼 하나님의 피조물이기 때문에 하나님의 권세 하에 있다. 하나님은 그들의 범죄와 타락의 죗값을 물어 심판 날에 영원한 불 못에 들어가도록 확정해놓으셨다. 그러나 그때까지는 그들의 속성을 이용하여 죄의 덫을 놓고 사람들을 유혹하여 믿음을 시험하는 도구로 사용하고 계시다. 그러므로 사탄과 귀신들이 영적 능력을 지닌 존재들일지라도 하나님 앞에서는 꼼짝할 수 없는 미물에 불과하다. 그래서 성령 안에 있는 사람들은 귀신들을 두려워할 필요도 없고 염려하지 않아도 된다.

035 마귀의 궤계에 빠지지 않도록 조심하라. 그 대적자들은 믿는 자들을 항상 노리고 있다.

근신하라 깨어라 너희 대적 마귀가 우는 사자 같이 두루 다니며 삼킬 자를 찾나니(벧전5:8)

우리의 씨름은 혈과 육을 상대하는 것이 아니요 통치자들과 권세들과 이 어둠의 세상 주관자들과 하늘에 있는 악의 영들을 상대함이라(엡6:12)

우리네 교회에서는 어떻게 마귀가 하나님의 교회에 들어오며 빛인 하나님의 자녀들을 공격하느냐며 안심시키고 있다. 뭐 틀린 말은 아니겠지만, 우리네 교회가 성령이 지키시고 보호하시는 하나님의 교회인지, 아니면 교인들이 죄다 성령이 통치하시고 다스리시는 빛 된 하나님의 자녀인지 분별해야 할 것이다. 위의 구절을 보라. 베드로 사도가 두루 다니며 삼킬 자를 찾고 있는 마귀를 조심하라고 한 사람들이 바로 초대교회의 교인들이었으며, 사도바울은 초대교회의 교인들과 제자들로 하여금 놀라운 영적 능력을 갖추고 세상을 지배하고 있는 악한 영들과 싸워 이겨야 한다고 권면하고 있다. 만약 마귀가 교인들을 두려워하며 꼼짝 못한다면 이런 말씀을 성경에 기록했을 리가 있겠는가? 실제로 미혹의 영의 공격으로 죄를 밥 먹듯이 짓고 있으면서 회개할 생각조차 하지 않는 교인들이 교회 안에 널려 있으며, 귀신들이 몸에 잠복해서 정신질환과 고질병으로 시달리는 교인들도 허다하다. 그런데 교회 지도자들은 귀신의 정체와 공격에 무지하며 귀신들과 싸워 쫓아내는 영적 능력도 없으면서, 무책임한 말로 교인들을 안심시켜서 영적 잠에 빠지게 하고 있으니 기가 막힌 일이다. 귀신들이 노리는 사람들은 하나님을 모르는 세상 사람들이 아니라 바로 하나님의 자녀들이다. 세상 사람들은 내버려 두어도 지옥에 던져질 게 아닌가? 그러므로 마귀들은 천국에 들어갈 예정인 교인들을 죄로 유혹하여 영혼과 생명을 사냥하고 있다. 그러므로 깨어서 기도하며 원수 마귀들의 공격과 계략을 잘 알고 싸워 이기는 영적 능력을 갖추어야 한다.

036 재물 뒤에는 맘몬의 신이 있다.

> 한 사람이 두 주인을 섬기지 못할 것이니 혹 이를 미워하고 저를 사랑하거나 혹 이를 중히 여기고 저를 경히 여김이라 너희가 하나님과 재물을 겸하여 섬기지 못하느니라 (마6:24)

위의 예수님의 말씀에서 재물이라고 번역한 헬라어 단어는 맘몬이다. 재물은 돈이 될 만한 재산을 뜻하며 이는 죄다 하나님이 창조하신 피조물이 아닌가? 그런데 아무런 생명이 없는 피조물인 재물이 어떻게 하나님과 겨루는 우상의 자리에 있게 되었는가?

그것은 재물 뒤에 숨어서 사람의 마음을 훔치는 사탄이 있기 때문이다. 그래서 예수님은 맘몬이라는 이방 재물신의 단어를 차용하여 사용하신 이유이다.

> 아나니아라 하는 사람이 그의 아내 삽비라와 더불어 소유를 팔아 그 값에서 얼마를 감추매 그 아내도 알더라 얼마만 가져다가 사도들의 발 앞에 두니 베드로가 이르되 아나니아야 어찌하여 사탄이 네 마음에 가득하여 네가 성령을 속이고 땅 값 얼마를 감추었느냐(행5:1~3)

위의 사건은 재산을 팔아 교회에 바치고도 죽임을 면치 못한 아나니아와 삽비라 부부의 끔찍한 사건을 말하고 있는 구절이다. 이 부부는 재산을 팔아 교회에 바치고자 하는 아름다운 마음을 실행에 옮겼다. 그러나 땅을 팔자 큰돈이 생겨가 아까운 마음이 들어서 일부를 감추고 교회에 바쳤다. 그러나 베드로는 이런 마음을 조종한 존재가 바로 사탄이라고 콕 집어서 밝히고 있다. 말하자면 사탄은 재물 뒤에 숨어서 탐욕을 일으키고 하나님을 속이는 죄악을 짓게 하는 셈이다. 그런데 안타깝게도 아나니아와 삽비라 부부는 사탄의 소리를 듣고 성령을 속임으로 영혼이 지옥에 던져지는 끔찍한 최후를 맞이해야 했다. 하나님은 자신보다 더 숭배하는 것은 무엇이든지 우상이라고 선언하고 계시다. 그래서 사탄은 사람들의 마음을 훔치는 최고의 방법으로 재물 뒤에 숨어서 하나님보다 재물을 더 숭배하도록 마음을 조종하여 죄인으로 삼고 있다.

037 귀신의 능력을 무시하지 말라.

하룻강아지 범 무서운 줄 모른다는 속담이 있다. 태어난 지 얼마 안 되는 강아지는 호랑이가 얼마나 사납고 무서운 존재인지 모르고 장난을 치려 들기에 말이다. 이처럼 거의 대부분의 사람이 귀신의 정체와 공격은 물론, 얼마나 놀라운 영적 존재인지 무지하기에 그들을 우습게 알고 농담의 대상으로 치부하거나 무시하면서 살아가고 있다.

> 악한 자의 나타남은 사탄의 활동을 따라 모든 능력과 표적과 거짓 기적과 불의의 모든 속임으로 멸망하는 자들에게 있으리니 이는 그들이 진리의 사랑을 받지 아니하여 구원함을 받지 못함이라 이러므로 하나님이 미혹의 역사를 그들에게 보내사 거짓 것을 믿게 하심은 진리를 믿지 않고 불의를 좋아하는 모

든 자들로 하여금 심판을 받게 하려 하심이라(살후2:9~12)

우리의 씨름은 혈과 육을 상대하는 것이 아니요 통치자들과 권세들과 이 어둠의 세상 주관자들과 하늘에 있는 악의 영들을 상대함이라(엡6:12)

성경은 귀신들이 놀라운 능력의 소유자이며 표적과 기적을 일으키는 데 탁월하다고 말하고 있다. 다른 구절에서는 사탄이 세상을 지배하는 왕이며 놀라운 권세를 갖고 세상 사람들을 통치하고 있다고도 말한다. 사실 그들은 물리적인 능력도 있으며 사람의 머리를 타고 앉아 자기 생각을 넣어주며 속이며, DNA를 조종하며 몸의 모든 감각기관과 운동기관 등을 자기 마음대로 조종하는 능력이 탁월하다. 또한 사람의 마음을 부추겨서 조종하는 능력으로 세상을 지배하고 죄인들을 포로로 삼고 있다. 이렇게 막강한 영적 능력으로 사람들의 영혼과 생명을 파괴하며 지옥으로 던져지게 하는 놈들의 정체와 공격에 대해 무지하다면 이미 죽은 목숨이나 다름없지 않은가? 그런데 귀신들이 눈에 보이지 않고 귀에 들리지 않으며 과학적으로 증명되지 않는다고 무시하며 우습게 아는 사람들이 얼마나 어리석고 미련한지는 심판대 앞에 서봐야 비로소 깨닫게 될 것이다.

038 하나님의 사역을 방해하는 자들, 하나님의 말씀을 방해하는 자들, 성령님의 역사를 방해하는 것들을 조심하라.

 귀신들의 목적은 무엇인가? 바로 구원받을 영혼들을 유혹해서 죄를 짓게 하여 지옥 불에 던져지게 하는 것이다. 이는 하나님의 목적과 정반대이다. 하나님은 모든 영혼들이 구원받기 원하시기 때문이다. 그래서 귀신들은 사람들이 구원받지 못하도록 집요하게 공격하고 있다. 그렇다면 구체적으로 어떤 방식과 계략으로 자신의 목적을 추구하는가? 바로 하나님의 사역을 방해하며 하나님의 말씀을 방해하고 성령의 역사를 방해한다. 미혹의 영은 사람들의 머리를 타고 앉아 자기 생각을 넣어주어 조종하고 있다. 그러므로 하나님의 사역을 방해하는 자들이나 하나님의 말씀을 방해하는 자들이나 성령의 역사를 방해하는 자들이 바로 귀신들이 조종하는 좀비들이다.

> 개들을 삼가고 행악하는 자들을 삼가고 몸을 상해하는 일을 삼가라 (빌3:2)

> 그들이 저물어 돌아와서 개처럼 울며 성으로 두루 다니고 그들의 입으로는 악을 토하며 그들의 입술에는 칼이 있어 이르기를 누가 들으리요 하나이다 (시59:6,7)

성경에는 하나님의 역사를 방해하고 구원 사역을 방해하는 이들을 개라고 표현하고 있다. 개들은 악을 토하고 다른 이들을 칼로 찔러 죽이고 상해하는 이들이다. 사도바울도 개들과 악행 하는 이들을 삼가라고 경고하고 있다. 이들이 바로 미혹의 영의 조종을 받아 하나님의 사역을 방해하는 좀비이기 때문이다.

039 영들을 다 믿지 말고 하나님께 속하였는가를 살펴보라.

사랑하는 자들아 영을 다 믿지 말고 오직 영들이 하나님께 속하였나 분별하라 많은 거짓 선지자가 세상에 나왔음이라 (요일4:1)

성령께서는 영들을 다 믿지 말고 하나님께 속하였는가를 살펴보라고 하셨는데, 이는 요일4:1의 말씀과 동일한 내용이다. 즉 자신 안에 속여 들어와서 하나님 행세를 하는 미혹의 영이 있는지 분별해서 쫓아내라는 말씀이다. 그러나 안타깝게도 우리네 교회는 성령과 미혹의 영을 구별하는 잣대에 대해서도 무지하고 분별하는 영적 능력을 지닌 지도자들도 드물다. 미혹의 영은 성경 지식이 많은 신학자와 목사들은 성경 지식을 넣어 속이고, 희생적인 신앙 행위를 열정적으로 하는 교인들은 자기 의와 자기만족을 넣어 주어 속인다. 방언이나 예언, 치유나 축사를 열망하는 교인들에게는 거짓 방언, 거짓 예언, 거짓 축사, 거짓 치유 등의 거짓 성령의 은사를 넣어주어 속이며, 신비한 현상을 좋아하는 교인들에게는 성경에도 없는 성령 춤, 방언 찬송, 뒤로 자빠지고 손바닥에 금가루가 떨어지고 아말감이 금이빨로 변하는 등의 놀라운 현상으로 속인다. 또한 세속적인 축복을 좋아하는 교인들에게 세상에서 성공하여 부자가 되게 해주어 하나님의 축복이라고 속이는 것을 좋아한다. 그러므로 미혹의 영이 속이는 계략에서 벗어나는 것은 실로 어려운 일이다. 그러므로 자신 안에 있는 영이 성령인지 아니면 악령인지 분별하는 것이 중요하다.

> 거짓 선지자들을 삼가라 양의 옷을 입고 너희에게 나아오나 속에는 노략질하는 이리라 그들의 열매로 그들을 알지니 가시나무에서 포도를, 또는 엉겅퀴에서 무화과를 따겠느냐 이와 같이 좋은 나무마다 아름다운 열매를 맺고 못된 나무가 나쁜 열매를 맺나니 좋은 나무가 나쁜 열매를 맺을 수 없고 못된 나무가 아름다운 열매를 맺을 수 없느니라 아름다운 열매를 맺지 아니하는 나무마다 찍혀 불에 던져지느니라 이러므로 그들의 열매로 그들을 알리라 (마7:15~20)

예수님은 미혹의 영이 속이는 계략을 분별하는 잣대는, 그들의 말과 행동이 아니라 열매로 분별해야 한다고 콕 집어서 말씀하고 계시다. 성령의 열매는 먼저 사랑과 희락과 화평과 오래 참음과 자비와 양선과 충성과 온유와 절제(갈9:22,23)의 거룩한 성품을 드러내고 있는지 살펴보아야 하며, 두 번째로 기적과 이적으로 드러내는 성령의 능력으로 귀신을 쫓아내며 귀신이 일으킨 고질병을 치유하며 영혼을 구원하고 자신과 같은 성령의 사람으로 제자를 양육하고 있는지의 열매로 분별해야 한다.

040 귀신들의 움직임에 마음이 흔들리지 말라. 그들도 피조물이다   보혈의 능력으로 쫓아내라. 두려워 말라. 말세에는 이러한 일이 많이 일어난다. 세상의 종들은 이러한 일을 기피한다.

귀신들을 무서워하고 두려워하지 않는 사람들은 거의 없을 것이다. 특히 귀신들은 무서운 생각을 넣어주어 공포에 휩싸이게 하거나, 기분 나쁜 소리나 기이한 현상을 통해 공포에 질리게 하기도 한다. 그러나 귀신들 역시 하나님의 피조물이기 때문에, 하나님께서 허락하신 한계 내에서만 활동하거나 공격할 수 있으나, 보혈의 능력으로 얼마든지 귀신들의 공격을 무력화시키고 쫓아낼 수 있다. 그러나 안타깝게도 현대교회는 귀신들의 정체와 공격을 무지하며 목사들은 귀신들을 두려워하며 쫓아낼 생각조차 없다. 성령께서는 귀신을 쫓아내는 이들조차 이런 일을 기피한다고 말씀하신 적이 있다. 귀신을 쫓아내는 일은 영적으로 위험하기도 하지만 무척이나 힘들고 어려운 일이기 때문이다. 그래서 수많은 교인이 귀신들에게 공격당해서 불행하고 고통스럽게 살다가 지옥 불에 던져지고 있으니 안타까운 일이다.

041 귀신들의 움직임을 소홀하게 생각하지 말라, 그들은 소리도 내고 가로수도 쓰러뜨리고 무소부재하는 능력도 있다. 그들의 능력을 무시하지 말라.

당신은 귀신들이 소리도 내고 물리적인 능력도 행사하며 어디든지 존재하며 활동하고 있다는 성령의 말씀을 인정하는가? 이를 직접 체험하지 못했다면 아무도 이 같은 능력을 인정하기 어려울 것이다. 이는 귀신과 싸우면서 경험한 사람들만이 아는 사실이다. 필자는 귀신을 쫓아내는 사역을 하면서 귀신들이 공격하는 수많은 사건을 접했다. 먼저 소리를 내는 것은 청각기관을 속여서 소리가 나는 것으로 착각하게 만드는 경우가 대부분이다. 어차피 모든 소리는 청각기관을 통해 들리기 때문에, 직접 사물이 소리를 내든지 아니면 속아서 들었든지 간에 소리를 내게 할 수 있다고 볼 수 있다. 귀신들은 사람들의 성대를 장악하여 소리를 내며 전혀 소리를 낼 수 없는 상황에서도 기이한 소리를 낼 수 있다. 또한 귀신들은 가로수를 쓰러뜨릴 수 있는 능력도 있다. 영성학교에서 축출기도 시간에 사람들이 뒤에서 미는 엄청난 힘으로 바닥에 퍽 소리를 내고 쓰러지는 경우가 여러 번 있었다. 또한 사고로 위장하여 귀신들이 물리적인 공격으로 불행하게 만드는 경우도 있다. 그러나 이런 사건은 귀신들의 공격을 분별하는 능력과 귀신들과 수많은 싸움을 경험한 사람만이 아는 사실이다. 마지막으로 귀신들의 숫자는 지구를 덮고 있을 만큼 많기에 무소부재하다고 보면 틀림없다. 거라사 광인에게 들어간 귀신들이 수천 마리라고 성경은 밝히고 있지 않은가? 그러므로 귀신들의 능력을 무시하지 마시라. 그들은 타락하고 범죄하여 천상에서 쫓겨났지만 여전히 천사의 능력을 소유하고 있기 때문이다.

042 귀신들도 늘 네 옆에 있다, 그들의 움직임을 늘 관찰하라.

　귀신들이 당신 옆에 있다는 말에 귀를 의심하지 않을 수 없는 이들이 널려 있을 것이다. 그도 그럴 것이 평생 살아온 동안 귀신을 보거나 귀신의 소리를 듣거나 체험한 일이 한 번도 없기에 말이다. 그러나 귀신은 하나님과 같은 영적 존재이다. 눈으로 보이거나 귀로 들리거나 과학적으로 증명되지 않는다. 하나님을 본 사람이 없는 것처럼 귀신도 본 사람이 없는 게 당연하지 않은가? 그러나 우리 주변에는 귀신을 보았다거나 체험한 사람들이 전혀 없는 게 아니다. 당장 무당을 찾아가 보라. 귀신들을 조상신이나 산신령으로 부르면서, 그들의 말 한마디에 귀신들이 왔다 갔다 하지 않은가? 그렇다면 그들은 어떻게 귀신의 존재를 잘 아는가? 무당들은 귀신을 받아들여, 귀신들이 자신 안에 살고 있는 사람들이다. 그들도 직접 보거나 듣지는 못하지만 귀신들과 교제하면서 영음으로 들려주는 말이나 신비한 현상을 통해 경험하는 것이다. 그러나 크리스천들은 왜 귀신에 대해 무지한가? 귀신의 정체와 공격을 알 수 있는 길은 예수 그리스도의 보혈의 능력을 통해 그들을 쫓아내거나 싸워 봐야 알 수 있다. 그래서 보혈의 능력을 지닌 사람들만이 귀신들의 실체를 알게 되는 것이다. 귀신들의 숫자는 엄청나게 많으며 사람들 안에 수백 수천 마리가 들어가 사는 이들도 허다하다. 그러므로 그들은 떼로 몰려다니면서 사람들의 머리를 타고 앉아 생각을 넣어주어 속이면서 죄를 짓게 만들고 있다. 그러므로 그들의 정체나 움직임을 날카롭게 알아채서 단단히 대책을 마련해야 할 것이다.

043 지옥의 권세를 이기는 길은 말씀과 기도이다.

지옥의 권세를 지닌 사탄 마귀를 이기는 길은 어디에 있는가? 귀신들이 두려워하는 이는 하나님밖에 없다. 그러므로 하나님의 영이자 성령이 안에 들어오셔서 귀신을 싸워 이길 수 있는 예수 보혈의 능력이 가슴에 새겨진 사람들만이 악한 영들을 이길 수 있다. 그렇다면 성령이 당신 안에 들어오는 길은 무엇인가? 현대 교회에서 가르쳐온 대로 3분짜리 영접기도와 주일성수인가? 그렇다면 모든 교인이 죄를 짓게 하는 귀신과 싸워 이기면 죄의 영향에서 자유로워야 할 것이다. 그런 사람들이 평안하고 기쁘고 즐겁게 살아가는 사람들이다. 그러나 교인들이 하나님을 모르는 세상 사람보다 더 행복하다고 할 수 없는 것이 우리가 마주한 암울한 현실이다. 그 이유는 하나님을 만나지도 못했으며 동행하는 삶을 살지도 않기 때문이다. 하나님을 만나는 통로가 바로 기도와 말씀이다. 기도와 말씀으로 하나님과 깊고 친밀한 교제의 습관을 들인 사람들에게 성령이 들어오시고 거주하시며 보혈의 능력으로 귀신들과 싸워 이기는 능력을 주시게 되는 것이다. 그러므로 기도와 말씀이 귀신과 싸워 이기는 정예용사의 반열에 오르게 하는 무기임을 잊지 마시라.

044 악한 영들이 자는 자들을 일어나지 못하도록 하고 있다.

자는 자란 누구인가? 바로 영적으로 잠든 자이며 깨어 있는 사람들과 대조적이다. 깨어 있다는 것은 하나님의 생각으로 가득 차서 늘 기도와 말씀으로 성령과 깊고 친밀하게 교제를 나누며, 죄와 싸우고 이기며 죄에 걸려 넘어졌다면 즉시 자복하고 회개하여 깨끗함을 받는 상태인 것이다. 그러나 영적으로 잠든 사람은 교단 신학자들이 성경을 자의적으로 해석한 관념적이고 사변적인 교단 교리를 지식으로 받아들여 머리에 쌓아두고, 종교적인 예배의식과 희생적인 신앙 행위를 반복하면서 자신들의 구원을 철석같이 믿으면서 세속적인 축복을 추구하고 있는 이들이다. 그중에서도 영적으로 잠든 사람들의 가장 두드러진 특징은 하나님과 깊고 친밀하게 교제하는 기도의 습관이 없다는 것이다. 대부분의 우리네 교인들은 하루에 10분도 기도하지 않으며 대부분의 목회자도 하루에 30분도 기도하지 않는다. 새벽기도회에 참석하는 소수의 교인조차 하나님과 교제하는 기도가 아니라 자신의 소원을 이루고 탐욕을 채우는 요구사항을 나열하고 있을 뿐이다. 이런 자들이 바로 영적 잠에 빠져서 일어날 생각도 하지 않는 사람들이다. 그 이유는 미혹의 영이 종교적인 사람으로 만들어서 하나님이 주시는 기쁨과 평안 대신에, 자기만족과 자기 의로 채우며 하나님을 만나지 못하게 하는 데 성공했기 때문이다.

045 귀신의 영을 받은 사람들은 자기의 의를 드러내고, 귀신들도 자기의 이름을 높이려고 애쓴다.

개들과 접술가들과 음행하는 자들과 살인자들과 우상 숭배자들과 및 거짓말을 좋아하며 지어내는 자는 다 성 밖에 있으리라(계22:15)

계시록에서 예수님이 말씀하신 개들은 누구를 말하는 것일까? 애완견이라고 생각하는 이들은 없을 것이다. 성경에서 말하는 개는 악행을 일삼는 악인을 말하며, 이들은 귀신들의 영이 잠복해서 조종하는 자들이다. 그러므로 귀신들이 잠복해 있는 사람들의 특징은 귀신들의 성향을 그대로 드러낸다. 귀신들의 두드러진 성향 중의 하나가 바로 교만하고 오만하며 자기의 의를 드러내며 자기 이름을 높이려고 한다는 것이다. 아름다운 이름이었던 계명성이라 불리는 사탄도 원래는 하나님을 섬기는 천사장의 신분이었다. 그러나 하나님과 같아지고 싶은 교만으로 하나님을 대적하다가, 자신을 추종하는 귀신들과 같이 내쫓겨서 영원한 지옥 불에 던져지는 참혹한 운명이 되었다. 어쨌든 악한 영이 조종하는 좀비들의 특징은 자기 의를 드러내고 자기 이름을 높이는 것으로 분별할 수 있다. 우리 주변에 틈만 나면 자기 의를 내세우고 자기 자랑하기 일쑤이며 우쭐대며 안하무인의 성품만 교만한 것이 아니라, 입으로는 겸손을 포장하지만 하나님의 말씀에 순종하지 않거나 성경적으로 가르치는 교회 지도자의 말에 따르지 않는 이들도 교만의 속내를 감추고 있는 것이다. 이런 이들의 머리에는 귀신이 타고 있다는 것을 알고, 웬만하면 이들을 피하고 거리를 두어야 귀신들로부터 공격을 받지 않고 평안하게 살 수 있을 것이다.

046 상대에게 적수가 될 만한 능력을 갖추라.

> 우리의 씨름은 혈과 육을 상대하는 것이 아니요 통치자들과 권세들과 이 어둠의 세상 주관자들과 하늘에 있는 악의 영들을 상대함이라 (엡6:12)

영적 전쟁에서 맞서 싸울 상대는 악한 영이다. 그러나 성경은 이들이 놀라운 권세와 능력을 가지고 세상을 지배하는 통치자이자 악한 영이라고는 밝히고 있다. 그렇다면 당신이 무엇으로 이같이 막강한 영적 능력을 지닌 귀신들과 싸워 이길 수 있겠는가? 천사와 동급인 영적 파워를 지닌 귀신들과 싸워 이기는 길은 오직 보혈의 공로를 힘입게 하는 성령의 능력밖에는 없다. 그러나 안타깝게도 우리네 교회는 귀신의 정체와 공격에 대해 무지할 뿐 아니라, 무능하고 무기력한 신앙을 고민하며 악한 영과 싸우는 무기에 대해서 관심조차 없으니 기가 막힌 일이다. 귀신들과 맞서 싸우는 능력을 얻는 유일한 길은, 성령이 내주하셔서 동행하는 영적 습관을 들이는 것이 유일하다. 성령이 들어오시면 가슴에 예수 그리스도의 보혈의 능력을 새겨주셔서, 놀라운 성령의 능력으로 귀신을 쫓아내며 귀신들이 일으킨 고질병을 치유하며 사탄의 권세 하에 신음하는 영혼들을 구해내서 하나님의 나라로

들이는 영혼 구원 사역의 도구로 사용되게 된다.

047 죄를 짓게 하는 것은 미혹의 영이다.

인류의 조상 아담이 하나님의 명령을 어기고 선악과를 따먹음으로 죄가 세상에 들어온 사건은 여러분도 잘 아실 것이다. 아담과 하와가 죄를 지은 원인을 제공한 존재가 바로 사탄이다. 사탄의 목적은 죄의 덫을 놓고 유혹하여 죄를 짓게 만들어 불행과 고통을 주어 영혼과 생명을 사냥하는 것이다. 그러나 악한 영들의 계략은 감쪽같이 속이는 전략을 구사하기에 알아채기 힘들다는 것이다.

> 큰 용이 내쫓기니 옛 뱀 곧 마귀라고도 하고 사탄이라고도 하며 온 천하를 꾀는 자라 그가 땅으로 내쫓기니 그의 사자들도 그와 함께 내쫓기니라 (계12:9)

위의 계시록의 말씀에서, 사탄과 마귀를 가리켜 온 천하를 꾀는 자라고 정의하고 있다. '꾀다'는 헬라어 단어는 '플라논'으로 '속이다'라는 뜻이며, '온 천하'로 번역한 헬라어 단어는 '땅에 거주하는 모든 사람'이라는 뜻이다. 즉 사탄과 마귀의 목적은 모든 세상 사람들을 속여서 죄를 짓게 하여 지옥 불에 던져지게 하는 것이다. 미혹이라는 말이 바로 속인다는 뜻이다. 그러므로 죄를 짓게 하는 속이는 영의 정체와 공격에 무지하다면 이미 미혹의 영의 포로로 잡혀있다고 보면 틀림없다. 안타깝게도 거의 모든 목사와 교인이 미혹의 영에 속아서 지배받고 있지만, 영적 잠에 취해 이 사실을 모르고 교회 마당을 밟는 종교주의자가 되어 있으니 안타깝기 짝이 없는 노릇이다.

048 지피지기(知彼知己, 악한 영의 전략 전술을 아는 것)를 알고 기도하라.

전쟁터에 있는 군인이라면 적이 어떤 무기로 어떻게 공격해올지 잘 알고 있어야 싸워서 이길 수 있을 것이다. 그러나 적의 무기나 공격 전술에 대해 전혀 알지 못하고 있다면 이미 죽은 목숨이나 진배없을 것이다. 이런 일이 영적 전쟁에도 동일하게 적용된다. 그래서 당신은 악한 영들의 정체와 공격 전략에 대해 잘 알고 계시는가? 우리네 교회는 하나님에 대해서는 잘 알고 가르치고 있지만, 정작 싸워야 할 대상인 귀신들에 대해서는 무지하기 짝이 없다. 그러면서 빛인 하나님의 자녀들에게 귀신들이 어떻게 잠복하며 공격하느냐는 선문답 같은 얘기만 늘어놓고 있다. 빛인 하나님의 자녀라면 어둠에 대해 전혀 모르겠는가? 빛은 예수 그리스도를 가리키는 말이다. 말하자면 예수 그리스도의 영이자 성령이 내주하는 자녀가 바로 빛의 자녀들이다. 그렇다면 어둠의 세력인 귀신들의 정체를 잘 알고 싸워 쫓아내야 할 것이다. 그러나 현대교회의 지도자들은 악한 영에 대해 무지하며 도리어 교인으로 하여금 영적 잠을 자도록 부추기고 있으니 기가 막힌 일이다. 귀신들은 놀라운 영적 능력이 있으며, 사람들의 머리를 타고 앉아 생각을 읽고 맞춤형으로 속이고 있다. 성경 지식이 많은 목사들은 성경 지식을 넣어주어 속이고, 희생적인 신앙 행위에 열심인 교인들은 자기 의와 자기만족에 빠지게 하고, 은사를 열망하는 교인들은 가짜 은사로 속이고, 신비한 현상을 좋아하는 교인들은 신비한 능력으로 속이고, 세속적인 축복을 추구하는 교인들은 돈과 세상의 즐거움에 빠지도록 하여 속이고 있다. 그러므로 악한 영들과 싸워 이기려면 성령의 인도하심과 능력이 필수적이다. 그래서 귀신들과 싸워서 이기는 정예용사가 되는 길은 성령과 깊고 친밀하게 교제하는 기도의 달인이 되는 길뿐이다.

049 귀신들은 기도하기 싫어하는 자들을 비웃고 다니면서 기도하지 않는 양들의 머리를 공격한다.

귀신들의 먹잇감이 누구인가? 바로 기도하지 않는 교인들이다. 필자가 말하는 기도는 새벽기도회에 나와서 세속적인 욕망을 채우고 삶의 문제를 해결해달라고 읍소하는 기도를 말하는 게 아니라, 하나님의 이름을 부르며 찬양하고 감사하고 회개하며 하나님의 뜻을 구하며 성령과 깊고 친밀한 교제를 나누는 기도를 말한다. 이런 사람들은 성령이 내주하시고 동행하시며, 악한 영과 싸워 이길 수 있는 보혈의 능력을 가슴에 새기게 해주시기 때문이다. 그러므로 귀신들은 기도하지 않거나 하나님의 뜻과 무관하게 자기 욕심을 채우는 기도를 하는 사람들을 우습게 알고 무차별 공격을 하는 것이다. 그러나 안타깝게도, 대부분의 우리네 교인은 하루에 10분도 기도하지 않으며 대부분의 목사도 하루에 30분도 기도하지 않는다. 기도하는 소수의 교인조차 자신들의 욕망을 채우고 세속적인 욕구를 채우는 기도를 할 뿐이다. 이런 사람들은 이미 귀신의 공격과 속임에 넘어가서 포로로 잡혀있는 셈이다. 그래서 무능하고 무기력한 신앙으로 고단하고 팍팍하게 살고 있는 중이다.

050 귀신들은 기도하는 사람이 무엇을 하는지 지켜본다.

근신하라 깨어라 너희 대적 마귀가 우는 사자 같이 두루 다니며 삼킬 자를 찾나니(벧전5:8)

예전에 성령께서 '네 뒤에 두 대의 카메라가 돌아가고 있다.'고 말씀하신 적이 있다. 두 대의 카메라는 하나님의 눈과 귀신의 눈인 셈이다. 즉 하나님과 귀신들이 동시에 필자가 무엇을 하며 살고 있는지를 지켜보고 있다는 말씀이었다. 하나님이 당신의 자녀를 눈동자처럼 지켜주시고 보호해주시며 인도하신다는 투의 말은 그동안 교회에서 귀에 딱지가 앉도록 들어왔을 것이다. 그러나 귀신 역시 당신의 일거수일투족을 지켜보고 있다는 말이 섬뜩하지 않은가? 특히 귀신들은 기도하는 사람들을 유심히 살피고 있으며, 무슨 기도를 하고 있는지를 날카롭게 지켜보고 있다. 그 이유는 기도의 목적에 맞추어 공격하기 위함이다. 마치 동물을 생포하려고 덫을 놓고 그 동물들이 좋아하는 먹잇감을 놓아서 유인하듯이 말이다. 귀신들의 목적은 죄의 덫을 놓고 죄를 부추겨서 죄를 짓게 하여 죄인으로 만드는 것이다. 하나님은 죄를 미워하시며 죄인들을 가까이하실 수 없기 때문이다. 그래서 귀신들은 기도의 내용을 주의 깊게 듣고 그것으로 공격한다. 그뿐만

이 아니다. 하나님이 기뻐하는 기도를 하는 사람이라도 포기하지 않고 주변을 배회하면서 공격할 틈을 노리고 있다. 그래서 항상 귀신들은 자신의 주변에 있으며 무엇을 하는지 살펴보고 있다는 것을 잊지 마시라.

051 귀신의 영이 어디에나 있고 그들의 말을 듣는 자도 적지 않다.

귀신들의 수는 셀 수없이 많다. 성령께서는 그들이 지구를 덮고 있다고 말씀하셨다. 거라사 광인에게 들어간 귀신들이 수천 마리라면 세상을 까맣게 뒤덮고 있을 만큼 많을 것이 틀림없다. 그러므로 그들은 사람이 있는 곳이라면 어디에나 우글우글할 것이다. 그러나 그가 전부가 아니다. 귀신의 소리를 자기 생각으로 착각하고 귀신에게 속아서 귀신의 말을 듣는 자들이 적지 않다. 예수님은 바리새인과 서기관들에게 독사의 새끼라고 책망하며 저주하셨다. 독사는 귀신을 뜻하는 비유를 모르지 않을 것이다. 그렇다면 그들은 귀신에게 속아서 귀신의 소리를 듣고 조종당하는 좀비라는 뜻이다. 모세의 인도로 애굽을 탈출한 이스라엘 백성들도 거의 대부분이 광야에서 죽어 지옥에 던져졌다. 성경은 그들이 천국에 들어가지 못한 이유가 바로 미혹되어서 그렇다고 밝히고 있다. 즉 미혹의 영에게 속아서 하나님을 원망하고 불평하며 모세에게 대들다가 하나님의 진노를 샀기 때문이다. 그러나 그들은 죽을 때까지 자신들이 미혹의 영에게 속고 있는 줄을 까마득히 몰랐을 것이 틀림없다. 예수님의 촉망을 한 몸에 받는 제자였던 가룟 유다와 재산을 팔아 초대교회에 바칠만한 열정적인 신앙이 있었던 아나니아와 삽비라부부, 예수를 믿고 세례를 받으며 전심으로 사도들을 따라다녔던 마술사 시몬도 귀신의 소리를 듣고 속아 넘어갔기 때문에 불행한 영혼의 주인공이 된 이유이다.

052 마귀들이 가장 싫어하는 것이 기도에 집중하는 자들이다. 악한 영들은 기도에 몰입하는 사람들을 두려워한다.

마귀와의 영적 전쟁은 전쟁을 치르기 전에 어느 정도 결정이 된다. 예수 보혈의 능력이 가슴에 새겨진 성령의 사람들은 귀신들이 가장 두려워하며 싫어하는 존재이다. 이런 사람들과 싸우면 귀신들도 쫓겨나간다는 사실을 잘 알고 있기 때문에, 기도를 못하게 하거나 기도하는 사람들에게도 집중을 못 하게 집요하게 방해하는 이유이다. 그렇다면 거꾸로 이런 사람들이 되어야 귀신을 쫓아내며 사탄의 손아귀에 포로로 잡혀 있는 영혼들을 구원하여 하나님의 나라로 돌리는 영혼 구원 사역의 주인공인 정예용사의 반열에 오르는 길이다. 그러나 안타깝게도 우리네 교회는 기도에 집중하거나 기도에 몰입이 무엇인지 아는 이들조차 드물다. 자신이 얻고 싶어 하는 목록을 나열하는 기도방식은 집중이 필요 없다. 한 바퀴를 돌리느냐, 두 바퀴를 돌리느냐를 결정하면 된다. 그러나 하나님의 부르면서 자신에게 찾아오시기를 간절히 요청하거나 하나님을 찬양하고 경배하며 감사하고, 자신의 죄를 고백하고 회개하며, 하나님의 뜻을 구하는 기도는 귀신들이 집요하게 방해하고 공격하여 기도의 끈을 놓게 하려고 안간힘을 쓰고 있다. 그래서 기도가 영적 전쟁의 한가운데 있음을 알아야 할 것이다.

053 자기의 뜻을 앞세우는 자들은 다 귀신들의 영이다.

예수께서 돌이키사 제자들을 보시며 베드로를 꾸짖어 이르시되 사탄아 내 뒤로 물러가라 네가 하나님의 일을 생각하지 아

니하고 도리어 사람의 일을 생각하는도다 하시고(막8:33)

육신의 생각은 하나님과 원수가 되나니 이는 하나님의 법에 굴
복하지 아니할 뿐 아니라 할 수도 없음이라(롬8:7)

위의 구절은 귀신들이 사람들을 어떻게 공격하는지를 잘 보
여주는 실제적인 예이다. 먼저 예수님이 십자가에 돌아가셔서 3
일 만에 부활하실 것을 말씀하셨을 때, 베드로는 예수님을 책망
하며 말렸다. 그 이유는 예수님이 돌아가시면 자신의 소망이 사
라질 것이라는 생각 때문이었다. 그러나 예수님의 입을 빌어 이
런 육신의 생각은 사탄이 넣어준 생각이라고 밝혀졌다. 악한 영
들은 이처럼 사람의 생각, 육체가 원하는 생각을 넣어주어 속이
고 있다. 그래서 사도바울은 육신의 생각은 하나님의 원수인 귀
신의 앞잡이가 된다고 선포하는 이유이다. 그래서 안타깝게도 우
리네 교회의 전도 구호를 보자. 예수 믿고 복 받는 것이다. 성경
에서 말하는 복은 영혼이 잘 되는 복이 우선이지만, 전도하는 사
람이나 받는 사람이나 세상에서 잘되고 부자가 되는 세속적인 복
을 바라며 교회에 들어온다. 3분짜리 영접기도를 마친 교인들은
구원이 확정되었다고 가르치니, 이 땅에서 얻을 세속적인 축복을
얻기 위해 주일성수와 십일조, 각종 교회 봉사를 열심히 하는 이

유이다. 목사들도 대형교회의 담임목사가 되는 목회 성공을 위해, 무당들이 추구하는 기복신앙과 번영신학을 들여와서 퍼뜨리고 있으니 기가 막힌 일이다. 그래서 대부분의 목사와 교인이 미혹의 영에 속아서 귀신의 소리를 듣고 있다. 이는 교회 지도자와 교인들이 하나님의 뜻이 아니라 자기의 뜻을 앞세우는 귀신에게 속아서 그들의 말을 듣는 좀비가 되었기 때문이다.

054 기도의 강(성령이 몰입되는 기도, 필자 주)을 건넌 자들은, 마귀들도 그들의 지혜로 다룰 수 없다.

기도의 강이라는 용어는 성령께서 말씀해주신 단어이다. 기도의 강은 기도훈련을 말하며 훈련을 마치고 성령께서 찾아오신 상태가 비로소 기도의 강을 건넌 것이다. 성령께서 말씀하신 기도의 강을 건너는 조건은 대략 두 가지인데, 기도에 깊이 몰입되는 기도를 하는 것과 자기 부인을 하는 것이라고 말씀하셨다. 기도의 포인트는 집중력이라고 말씀하시기도 하셨다. 즉 깊이 몰입되는 기도를 하는 내공이 쌓이면 성령과 교제하는 기도의 경지에 오르는 것이며, 자기의 욕심과 소원을 버리고 오직 하나님의 뜻을 위해 사는 자기 부인을 철저하게 하면서 살아가기 시작한다면 성령과 동행하는 삶을 살 수 있다. 성령과 동행하는 사람은 성령께서 들어오셔서 지혜와 지식을 주시면 예수 그리스도의 보혈의 능력을 가슴에 새겨주시므로 죄와 싸우고 죄를 부추기는 악한 영과 싸워 이기는 영적 능력을 갖게 된다. 이렇게 하나님과 함께 하는 사람들은 마귀들도 어쩔 수 없다. 아무리 속이려고 해도 성령이 주시는 분별력으로 속아 넘어가지 않으며, 달콤한 죄로 유혹해도 성령께서 천사를 통해 지키시므로 꿈쩍도 하지 않기 때문이다.

055 미움, 시기, 질투하는 것은 기도의 사람들이 기도의 끈을 놓기 때문이다.

미움, 시기, 질투는 이웃을 사랑하라는 명령을 어기는 명백한 죄악이다. 그러나 인간의 본성은 이미 죄로 인해 변질되었기에 자신을 인정하지 않으며 도리어 비난하는 사람들에게 자연스럽게 방어기제가 작동해서 미워하거나 증오하며, 이들이 하는 일마다 잘 되고 잘 나가는 것을 보면 자연스레 시기하고 질투하는 마음이 슬며시 들어오기 마련이다. 그러나 이러한 마음은 마귀들이 넣어주는 생각이다. 이런 생각이 나쁘다는 것을 모르는 이들은 없지만, 자신을 싫어하고 비난하고 공격하는 이들을 향한 생각을 버리지 않게 되면 미움이나 질투, 시기 등의 부정적인 생각을 받아들일 좋은 토양이 형성되어 있게 되므로 자신도 모르게 이런 생각을 잡고 있게 되는 것이다. 인간의 능력과 의지로는 이런 죄의 문제를 다룰 수 없기 때문이다. 그래서 성령이 도와주셔서 깨닫게 해주시고 이를 이기는 힘을 주셔야 한다. 그러므로 기도의 끈을 놓지 않고 성령과 깊이 교제하는 사람들만이 이런 죄악과 싸워 이기는 힘을 얻게 되고, 연약함으로 인해 넘어졌을지라도 즉시 회개하여 죄를 씻어버리고 다시 회복하게 되는 것이다. 그래서 평생 성령과 깊이 교제하는 기도의 끈은 죄와 싸워 이기는 원동력이며 깨끗한 세마포를 입고 천국에 들어가게 되는 유일한 길이 되는 이유이다.

056 기도의 몰입을 두려워하는 것도 성령이 귀신을 쫓아내기 때문이다.

기도란 영적 전쟁이지만 이 사실을 아는 사람들이 얼마나 될까? 그동안 우리네 교회에서 가르치고 행하던 기도는 하나님과 교제하는 기도나 하나님의 뜻을 구하는 기도가 아니라 자신의 소원을 이루고 욕심을 채우는 수단으로 삼아왔기 때문이다. 그래서 이런 기도는 몰입이 필요 없다. 기도 제목을 나누어주고 일제히 통성으로 외치든가, 개인적인 기도목록을 고장 난 레코드처럼 무한 반복하며 줄줄이 읊어나가면 되기 때문이다. 그러나 하나님을 간절히 부르거나 찬양, 경배, 감사, 회개나 하나님의 뜻을 구하는 기도는 마귀들도 화들짝 놀라서 집요하게 기도를 방해하고 훼방하려 든다. 특히 하나님을 부르는 기도를 할 때는 더욱 집요하게 공격하기 일쑤이다. 그래서 이 기도를 시작하면 두려움, 의심 등의 부정적인 생각을 넣어주는 것은 기본이고, 온갖 잡생각을 넣어주어 기도에 집중을 못 하게 하거나 졸리거나 기도 자리에 앉아있지 못 하게 하는 다양한 공격을 한다. 그래서 기도를 시작해도 오래 버티지 못하고, 기도 자리에 앉았어도 기도하는 내용에 집중하는 것이 아니라 기도시간을 채우고 있기 일쑤이다. 그래서 기도에 집중하지 못하게 하는 생각이 들어오면 즉각 예수 피를 외치면서 쫓아내야 한다. 귀신들이 기도의 몰입을 두려워하는 이유는, 이런 기도를 하는 사람들은 성령께서 들어오셔서 귀신들을 쫓아내는 능력을 주시기 때문이다. 그래서 귀신들은 자신의 영역을 빼앗기지 않으려고 발버둥 치며 기도를 못 하게 방해하는 이유이다. 그래서 깊이 몰입되는 기도를 하려고 애쓰는 사람들은 귀신들과 피 터지게 싸우는 영적 전쟁의 한복판에 있다고 보면 틀림없다.

057 각도에 따라서 치밀하게 공격한다. 각도는 믿음의 척도이다.

각도(角度)의 사전적인 정의는 어떤 상황이나 사물에 대한 생각의 방향이나 관점이다. 즉 생각의 방향이나 관점이 사람마다 다르기 때문에 귀신들은 사람들의 생각에 따라 치밀하게 맞추어서 공격한다. 성령께서는 일반적인 각도의 뜻에 덧붙여서 믿음을 재는 척도라도 말씀하셨다. 그러므로 귀신들은 교인들이 믿음이라고 생각하는 관점에 맞추어서 공격하고 있음을 알려주셨다. 구체적으로 말하자면, 목사들은 자신들이 성경 지식에 해박하다고 생각하므로 귀신들은 이성적이고 합리적인 방식으로 성경을 해석하여 만든 성경 지식을 넣어주어 성경적인 믿음이라고 속인다. 희생적인 신앙 행위를 철저하게 해온 교인들에게는 그동안 교회에서 해온 주일성수, 십일조, 각종 교회 봉사, 전도행위 등의 희생적인 신앙 행위를 근거로 자신들의 믿음을 재게 만든다. 그래서 희생적인 신앙 행위를 많이 한 교인들에게 귀신들은 믿음이 굳건하다는 생각을 넣어주어 속이는 것이다. 그러나 이런 생각들이 전혀 성경적이 아니지만, 사람들은 자신들이 옳다고 여기기 때문에 문제가 있다고 판단하지 않는다. 성경적인 믿음은 스스로 믿는 자기 확신이나 자신이 해온 신앙 행위로 판단하는 것이 아니라, 하나님이 주시는 선물로 기적과 이적으로 성령의 능력으로 드러나야 한다. 즉 하나님께서, '네 믿음이 크도다.', '네 믿음대로 될지어다.'라고 인정해주셔야 한다. 그러나 이런 믿음의 근거가 없이, 성경을 자의적으로 해석한 교단신 학자들의 교단교리나 교회의 관행으로 내려오는 판단으로 믿음을 재면서, 스스로의 믿음을 대견하게 여기고 천국의 자격을 전혀 의심하지 않는 것이다. 이런 믿음이 바로 귀신들이 철저하게 속여서 넣어주는 속임수이지만 이를 알아채는 교인들이 거의 없다는 것이 차가운 현실이다.

058 적은 나도 알고 하나님도 안다. 그래서 무장해야 한다.

네가 하나님은 한 분이신 줄을 믿느냐 잘하는도다 귀신들도 믿
고 떠느니라(약2:19)

야고보 사도는 귀신들도 하나님을 믿고 두려워 떨고 있다고 선
포하고 있다. 귀신들이 믿는다는 것은 신뢰한다는 뜻이 아니라
잘 알고 있다는 의미이다. 이처럼 귀신들은 하나님에 대해서도
잘 알고 당신에 대해서도 잘 알고 있다. 귀신들은 사람의 생각을
읽는 능력이 탁월하기 때문이다. 그래서 당신이 원하는 생각을
넣어주어 죄를 짓도록 유혹하며, 당신이 걸려 넘어지기 쉬운 아킬
레스건을 건드려서 꼼짝 못 하게 죄의 포로가 되게 한다. 그러므
로 당신이 이놈들과 싸워 이기려면 단단히 무장해야 한다.

끝으로 너희가 주 안에서와 그 힘의 능력으로 강건하여지고 마
귀의 간계를 능히 대적하기 위하여 하나님의 전신 갑주를 입으
라 우리의 씨름은 혈과 육을 상대하는 것이 아니요 통치자들과
권세들과 이 어둠의 세상 주관자들과 하늘에 있는 악의 영들을
상대함이라 그러므로 하나님의 전신 갑주를 취하라 이는 악한
날에 너희가 능히 대적하고 모든 일을 행한 후에 서기 위함이
라 그런즉 서서 진리로 너희 허리 띠를 띠고 의의 호심경을 붙

이고 평안의 복음이 준비한 것으로 신을 신고 모든 것 위에 믿음의 방패를 가지고 이로써 능히 악한 자의 모든 불화살을 소멸하고 구원의 투구와 성령의 검 곧 하나님의 말씀을 가지라 모든 기도와 간구를 하되 항상 성령 안에서 기도하고 이를 위하여 깨어 구하기를 항상 힘쓰며 여러 성도를 위하여 구하라(엡 6:10~18)

마귀와의 전쟁에서 이기기 위한 무장은 전신갑주를 입는 것이다. 성경은 전신갑주를 구체적으로, 예수 그리스도와 하나님의 말씀인 진리와 예수 피의 능력과 공로인 하나님의 의와 복음과 믿음, 구원과 성령의 검인 말씀으로 무장하며, 이는 성령 안에서 기도하고 깨어서 하나님께 구해야 한다고 명령하고 계시다.

059 적이 공격한다는 것을 미리 알아야 막을 수 있다.

귀신의 공격을 알지 못하면 이들과의 싸움에서 결코 이길 수 없다. 귀신들은 사람들이 지닌 믿음의 각도를 따라 공격한다. 도덕적이고 현행법의 죄를 부추겨서 유혹하는 것은 아주 초보적인 공격이다. 이는 교인이라면 누구나 잘 알고 있기 때문이다. 귀신들은 합리적이고 이성적이며 인본적인 생각을 통해 공격하며, 특히 사람의 생각인 육체와 마음이 원하는 것을 추구하게 하여 죄를 짓도록 공격한다. 육체의 생각을 좇는 것이 바로 하나님의 원수가 되는 것이기 때문이다. 그래서 교회 지도자와 목회자들에게는 성경 지식을 넣어주어 속이며 교만과 자기의 죄를 짓도록 속이고, 희생적인 신앙 행위를 열심히 하는 교인들에게서는 종교적인 사람으로 만들어서 자기의와 자기만족의 죄를 짓도록 속이고, 세속적인 교인들에게는 탐욕과 쾌락을 추구하게 만들어서 속인다. 이처럼 귀신들의 공격계략을 알지 못하면 아무도 그들의 공격을 막아낼 수가 없다.

060 주여 주여 하는 자들은 귀신을 쫓아낼 수 없다. 그 안에 생명이 없기 때문이다.

나더러 주여 주여 하는 자마다 다 천국에 들어갈 것이 아니요 다만 하늘에 계신 내 아버지의 뜻대로 행하는 자라야 들어가리라 그 날에 많은 사람이 나더러 이르되 주여 주여 우리가 주의 이름으로 선지자 노릇 하며 주의 이름으로 귀신을 쫓아 내

며 주의 이름으로 많은 권능을 행하지 아니하였나이까 하리
니 그 때에 내가 그들에게 밝히 말하되 내가 너희를 도무지 알
지 못하니 불법을 행하는 자들아 내게서 떠나가라 하리라(마
7:21~23)

주여 주여 하는 자들은 형식적이며 희생적인 신앙 행위를 하는
종교적인 교인을 일컫고 있다. 이들은 예배의식에 성실하게 참석
하고 교회 봉사를 하며 십일조를 드리고 전도를 하며 사람들을
교회 의자에 앉히는 일에도 열심이다. 그러나 그 속내와 목적이
하나님의 뜻에 순종하려는 게 아니라 자기의를 세우고 자기만족
을 채우기 위함이다. 그런 자들을 향해 예수님은 불법을 행하는
자라고 일갈하셨다. 성경에는 죄를 짓는 자마다 불법을 행한다고
콕 집어서 말하고 있다. 즉 하나님의 뜻이 아니라 형식적인 종교
행위를 반복하는 자들에게는 예수 그리스도의 영이자 성령이 안
에 계시지 않기 때문에 성령의 능력이 나타나지 않는다. 그래서
귀신을 쫓아낼 수 없다고 말하고 있는 이유이다. 그러나 아쉽게
도 우리네 교회에서는 귀신에 대해 무지하며 귀신을 쫓아내는 사
역도 특정한 은사를 지닌 사람들의 영역이라고 폄훼하고 있으며,
자신들이 귀신을 쫓아내지 못하는 것에 대해서도 아무런 의구심
도 표하지 않는다. 성경에는 귀신을 쫓는 능력이 특정 사람들에

게 주어지는 은사라고 하신 적이 없다. 모든 사람이 귀신을 쫓아내어서 사탄의 권세 하에 사로잡힌 영혼들을 구해내어 하나님의 나라로 돌리는 것이 구원 사역이기 때문이다.

061 양들이 귀신의 정체를 이토록 모르고 산다.

귀신은 눈으로 보이지 않고 귀로 들리지 않으며 그 실체가 과학적으로 증명되지 않는다. 왜냐하면 하나님과 같이 영적 존재이기 때문이다. 그러므로 귀신의 정체를 알려면 성령이 주시는 분별력을 통해 알 수 있다. 성경에서 말하는 분별력은 선과 악을 분별하는 것을 말한다. 선은 하나님과 하나님이 하시는 일이며, 악은 악한 영과 악한 영이 하는 일이다. 귀신들은 죄의 덫을 놓고 죄를 부추겨서 죄를 짓게 만들어서 하나님을 떠나게 하고 불행과 고통을 주어 생명과 영혼을 사냥하는 무섭고 잔인한 놈들이다. 그러므로 이들의 정체를 알려면 성경에서 말하는 죄에 대해 철저하게 깨달아야 하며 죄를 짓고 있는 증거들을 찾아내어 면밀하게 관찰하여야 한다. 그러나 안타깝게도 현대교회의 목회자들은 죄에 대해 가르치는 것을 꺼리며 교인들도 죄를 지적하는 것을 몹시 싫어한다. 그도 그럴 것이, 이미 영접 기도를 통해 구원을 기정사실화하고 있는데, 굳이 꺼림칙한 죄에 대해 알고자 하지 않기에 말이다. 그래서 죄를 밥 먹듯이 짓고 있으면서 회개할 생각도 없으며 죄와 싸울 생각도 없다. 이는 미혹의 영에게 속아서 영적 잠을 자고 있기 때문이다. 귀신의 정체를 모르는 양들은 귀신의 포로가 되어 생명과 영혼을 도륙당하고 있다고 보면 틀림없다. 그래서 교인들이 세상 사람과 진배없이 무능하고 무기력한 믿음으로 고단하고 팍팍하게 살고 있는 이유이다.

062 마귀들은 지도하는 선생의 기량을 달아본다.

마귀들의 치밀한 계략으로 사람들의 영혼을 사냥한다. 생사를 넘나드는 전투에서 가장 중요한 영향력을 미치는 이가 바로 지휘관이다. 그래서 군대마다 저격수를 운용한다. 저격수는 망원렌즈를 갖추었으며 정확한 성능을 자랑하는 특수총기를 가지고 최대한 은폐하여 지휘관의 동선을 탐지하여 사살하는 임무이다. 지휘관을 잃어버린 군대는 오합지졸로 우왕좌왕하다가 패배하기에 십상이기 때문이다. 마귀들의 전략도 이와 동일하다. 그러므로 교회 지도자의 영적 능력을 날카롭게 살펴보고 교인들을 공격한다. 안타깝게도 현대 교회의 지도자들의 영적 능력은 형편없기 짝이 없다. 그래서 마귀들은 영적 능력이 없는 지도자들을 무시하고 멸시하며 치명적으로 공격하고 있다.

063 지금도 악한 영들은 그들의 일을 쉬지 않고 한다.

악한 영들은 육체를 가진 사람이 아니기 때문에, 오래 일해도 피곤하지 않으며, 실패하더라도 낙심하거나 절망하지 않는다. 마치 그들은 24시간 쉬지 않고 일을 하는 기계와도 같다. 그렇다면 구약시대는 물론 예수님 시대에 우글우글하던 귀신들은 지금 무엇을 하고 있겠는가? 지금도 수많은 사람에게 달라붙어 죄를 짓게 하고 영혼과 생명을 무차별하게 사냥하고 있는 중이다. 그래서 사도바울은 쉬지 말고 기도하라고 하였고, 예수님도 항상 깨어서 기도해야 한다고 명령하신 이유이다. 귀신들은 24시간 쉬지 않고 생각으로 속이며 공격해오기 때문이다. 그러나 이를 아는 이들이 거의 없다는 것이 차가운 현실이다.

064 악령들은 노예제도를 만들어 거기에 가둔다.

노예제도란 봉건시대에 신분을 차별하고 계급적인 사회로 만들어서 통치했던 사회제도이다. 왕 밑에 사농공상(士農工商)의 신분 차별을 만들었고, 맨 밑에는 종이라고 불리는 노예를 만들어서 그들의 노동력을 대대로 착취했다. 노예는 주인의 소유로 때리거나 굶기는 것은 물론 죽여도 별다른 처벌을 받지 않았다. 그렇다면 악령들이 노예제도를 만들었다는 성령의 말씀은 무슨 의미인가? 악한 영들도 능력에 따라 계급의 차이가 있다. 계명성이라고 불리는 타락한 천사장인 사탄의 휘하에, 고급영인 마귀가 있고 그 밑에 하급영인 귀신들이 있다. 물론 이 같은 신분의 차이에 대해 성경에 자세히 언급하지 않는다. 사탄이 범죄한 천사들을 이끌고 이 땅에 내려와서 사람들의 영혼과 생명을 사냥하고 있다고 밝히고 있을 뿐이다. 성령께서는 마귀급의 고급영들이 하급영인 귀신들을 끌어들여 사슬로 묶어 공갈과 협박으로 두렵게 하여 조종하고 있다고 말씀하신 적이 있다. 그렇다면 악한 영들이 사람 안에 들어와서 머리를 타고 앉아 조종하고 육체와 삶을 파괴하고 있는 이유는, 인간들은 귀신과 상대가 되지 않을 정도로 영적 능력이 형편없기 때문이다. 귀신들이 비록 범죄 하여 하나님으로부터 쫓겨나긴 했어도, 천사의 신분이기 때문에 영적 능력이 상당하여 사람의 생각을 읽고 육체를 파괴하며 사람 사이의 관계를 파괴할 수 있는 능력이 출중하다. 그러므로 악한 영들에게 잡혀 포로가 된 사람들은 하급영인 귀신의 수하에 있다고 보면 틀림없다. 즉 사탄 - 마귀 - 귀신 - 인간의 노예제도가 성립되는 것이다. 그러므로 성령이 함께하시지 않는 사람들은 귀신들의 먹잇감이 될 수밖에 없는 연약한 존재라는 것을 깨닫고 성령을 모시고 동행하는 영적 습관에 생명과 영혼을 걸어야 하는 이유이다.

065 종의 이름을 가진 악한 영들도 많다.

목사나 신학교 교수, 기도원 원장 등은 기독교의 지도자 위치에 있는 신분이다. 그래서 대다수의 교인은 이런 신분을 가진 사람들의 권위를 인정해주고 그들의 말을 경청하고 있다. 그러나 성경에 기록된 많은 유대교 지도자들이 나중에 귀신의 조종을 받는 좀비로 밝혀졌다. 예수님과 세례 요한은 바리새인과 서기관, 제사장들을 향해 독사의 새끼라고 불렀다. 독사란 마귀를 지칭하는 상징적인 동물이다. 현대교회도 목사의 신분을 가지고 있지만 실상은 마귀의 앞잡이들이 널려 있다. 그러나 영적 분별력이 없으므로 이들에게 속아서 영혼과 생명을 사냥당하는 이유이다. 영적 분별력은 성령께서 주시는 은사이며 지혜의 영역이다. 그러므로 영적 분별력을 얻으려면 성령과 동행하는 기도의 습관을 통해, 성령께서 성경을 읽을 때 깨달음을 주셔야 하며 놀라운 지혜를 주셔서 지혜로워져야 한다. 예수님은 거짓 교사와 거짓 선지자를 분별하는 기준으로 그들의 열매를 보고 분별하라고 말씀하셨다. 그러므로 그들의 말과 행동이 아니라 거룩한 하나님의 성품을 닮아가고 있으며, 귀신을 쫓아내며 질병을 고치는 성령의 능력으로 영혼 구원 사역을 하는지를 날카롭게 살펴보아야 한다. 그러나 안타깝게도 상당수의 현대교회 지도자들은 거룩한 성품을 찾기 힘들며 성령의 능력도 없다. 그러나 많은 교인은 그들의 신분이나 학벌, 소속 교단과 같은 인본적인 잣대로 하나님의 종인지를 분별하고 있으니 기가 막힌 일이다.

066 귀신들도 모든 양식을 이용한다.

양식은 생존에 필요한 육체의 양식과 영혼을 살리는 영의 양식이 있다. 귀신들은 사람들의 생각을 읽고 이 모든 양식을 넣어주어 속이는 전략을 구사한다. 육체의 양식은 세상에서 형통하고 부유하게 사는 세속적인 욕구나 질병을 치유하고 삶의 문제를 해결하는 것들을 포함하는 양식이다. 귀신들은 사람들이 이런 육체의 양식을 선호하는 것을 잘 알고 세속적인 사람들에게는 돈을 게 만들며, 육체가 병든 사람들에게는 병을 낫게 해준다고 속이며, 이런저런 삶의 문제가 있는 사람들에게도 희생적인 신앙 행위를 양식으로 넣어주고 성경적인 해결책이라고 속이는 것을 좋아한다. 영혼이 주리고 목마른 사람들에게는 가짜 영혼의 양식을 넣어주어 속인다. 가짜 영혼의 양식은 교회에서 정한 예배의식에 참석하고 기도회에 참석하여 희생적인 기도방식으로 자신의 소원을 외치도록 만든다. 또한 교회 조직을 지탱하기 위한 교회 봉사를 희생적으로 하는 신앙 행위를 하면, 이 땅에서 축복을 받고 천국에서 면류관을 받게 될 것이라고 속이고 있다. 교회 안에 들어와 있는 귀신들은 이렇게 형식적이고 희생적인 예배의식과 희생적인 신앙 행위를 하게 하여, 하나님의 뜻에 순종하고 하나님께 영광을 돌리는 대신 자기만족과 자기의를 채우는 종교주의자로 만들고 있다. 평생 교회에서 시키는 대로 하고 살아도, 무능하고 무기력한 믿음으로 고단하고 팍팍하게 살고 있다. 귀신들이 주는 양식을 하나님이 주시는 양식으로 속아서 먹고 있기 때문이다. 그래서 아무리 먹어도 삶은 피곤하고 지치며 영혼의 만족이 없다.

067 귀신의 영은 자신의 영역을 높이기 위해 무리 지어 다닌다.

귀신이 떼를 지어 다니고 있다는 말은 거라사 광인의 경우를 보면 알 수 있다. 예수님께서 그들의 이름을 물어보자, 그들은 자신들의 많은 숫자로 대답했다. 전능하신 하나님이신 예수님께서 그들의 이름을 알고 싶었던 것이 아니라, 귀신들이 수천 마리씩 무리를 지어 사람의 몸에 잠복하고 있다는 사실을 성경에 기록하게 하여 후세에 알리고 싶어서 물어본 것이다. 그렇다면 왜 그들이 무리를 지어 다닐까? 한두 마리씩 다니는 것보다 훨씬 더 많은 영역을 점령하여 확보할 수 있기 때문이다. 성령께서는 이에 대해, 그들이 하나님을 두려워하고 성령의 능력으로 귀신들을 쫓아내는 이들을 무서워하기 때문에 무리를 지어서 들어오거나 나간다고 말씀하신 적이 있다. 그러나 세상 사람들은 말할 것도 없고, 성경에 이들의 존재와 공격에 대해 명백하게 기록되어 있음을 잘 알고 있는 크리스천조차도 이들의 정체에 대해 관심조차 없으니 기이한 일이다. 귀신들이 사람의 몸에 들어와서 조종하여 자신의 존재감을 드러내고 자기 의를 높이려고 애쓰고 있다. 실제로 사람의 입을 통해 말하는 귀신들의 얘기를 들어보면, 귀신들은 잠복해 있는 사람을 조종하고 마음대로 하고 있다는 것을 과시하는 말을 끊임없이 내뱉고 있다.

068 학식이 있는 자들이 귀신의 접촉이 많다.

성령께서는 학식이 있는 자들이 귀신과 접촉을 많이 하고 있다고 말씀하셨다. 왜 그런지 이유를 아는 게 어렵지 않다. 학식이 많은 사람은 자신의 학식을 남에게 드러내기 좋아하며 자신의 주장을 관철하려고 한다. 그래서 귀신들은 이들의 교만과 고집을 이용하여 속이고 있다. 학식이 별로 없는 사람들은 자신의 주장을 쉽게 내려놓거나 남의 주장에 수긍하기 때문이다. 귀신들은 학식이 많은 사람의 머리를 타고 앉아 자기 생각을 넣어주어 속이는 계략으로 공격하므로, 주로 종교지도자인 신학자나 목회자들이 먼저 그 타깃이 된다. 예수님 당시의 바리새인과 서기관,

제사장들과 율법 교사들은 죄다 성경 지식에 해박하였기에 이들을 조종하여 지대한 영향력을 행사하였다. 예수님은 이들에게 독사의 새끼라고 하시면서, 이들이 두루 다니며 교인 한 사람을 만들면 두 배나 지옥 자식을 만든다고 책망하셨던 이유이다. 안타깝게도 귀신들은 현대교회의 지도자를 속이는 데 성공했다. 그래서 교회 내에서 귀신에 대한 설교나 가르침을 들어볼 수 없다. 이들이 성경 지식은 해박하지만 귀신의 정체나 공격에 대해 아는 게 거의 없다는 사실이 기이하지 않은가? 예수님과 사도들은 죄다 귀신에 대해 잘 알고 싸워서 이겨야 한다고 권면하고 있는데 말이다.

069 종말론자들은 지옥의 권세에 붙잡혀있다.

종말론자의 사전적인 정의는, 이 세계와 인류가 파멸을 맞이할 것이라고 믿는 사람들이다. 기독교로 범위를 좁혀보면, 심판이 곧 닥칠 것이라고 믿으면서 두려움에 사로잡혀 종말의 징조나 현상을 찾는 이들을 말한다. 이들은 계시록에서 말한 짐승의 표인 666표의 숫자로서 예전에는 바코드라고 했다가, 지금은 베리칩이나 코로나 백신이라고 바꾸어 말하면서 일루미나티나 프리메이슨 등에도 지대한 관심을 가지고 있다. 예수님의 말씀에도 심판의 날이 곧 닥칠 것이라고 말씀하셨으며, 사도들도 자신이 살아생전에 심판의 날이 닥칠 것을 믿는 이들도 적지 않았다. 그러나 이천여 년이 지나도 심판의 날은 아직 도래하지 않고 있다. 이에 대해 성령께서는 필자에게, 종말이 연기되는 이유는 기도를 쉬는 자들에게 기회를 주기 위함이라고 말씀하신 적이 있다. 그러나 미혹의 영은 심판을 준비하는 것이 아니라, 인본적인 방법으로 두려움과 불안에 휩싸여 심판 날의 징조에 대해 캐내려고 할 뿐, 정작 심판대에서 천국에 들어갈 수 있는 믿음을 쌓아두려고 하지 않으니 기가 막힌 일이다. 두려움과 불안, 걱정과 염려는 하나님을 믿지 못하는 불신앙의 죄로서 이는 귀신들이 넣어주는 생각이다. 이런 부정적인 생각을 받아들이면 평안과 기쁨이 사라지고 믿음이 온데간데없어지고 만다. 귀신들의 공격은 죄를 짓고 믿음을 잃어버려서 하나님에게서 떠나게 하는 것이다. 그런 영혼들은 죄다 귀신들의 먹잇감이 되기 때문이다.

070 기도를 방해하는 방언 노래, 영서, 성령 춤도 악한 영들의 수작이다.

　귀신들은 하나님을 만나는 기도를 집요하게 방해하지만, 그래도 기도를 하려고 애쓰는 교인들에게는 비성경적이고 신비적인 현상을 주어 속이고 있다. 성령께서는 구체적으로, 방언 찬송이나, 영서, 성령 춤이 귀신들이 속이는 현상이라고 콕 집어서 말씀해주셨다. 필자도 평신도 시절에 방언은 물론 방언 찬송까지 유창하게 했다. 방언 찬송이란 찬송을 부를 때 혀가 꼬이면서 자신이 원하지 않는 말로 찬송을 부르게 되는 현상을 말한다. 박자나 음정도 제멋대로 부르게 된다. 그때는 이 방언 찬송이 성령께서 주시는 은사인 줄 알았다. 그러나 필자는 당시 사업실패로 인생이 곤두박질쳤으며, 영혼이 어둡고 냉랭해지며 신앙도 점점 내팽개치게 되었다. 방언은 물론 방언 찬송도 유창하게 하였는데, 이렇게 삶과 영혼이 무너지다니 이해할 수 없었다. 그러나 나중에 그때의 방언 찬송이 귀신이 넣어준 것인지 까마득히 몰랐던 무지와 어리석음에 기가 막혔다. 그러나 귀신과 싸우면서 귀신의 정체와 전략에 무지한 교인들은 여전히 영서나 성령 춤, 웃으면서 뒤로 자빠지고, 손바닥에 금가루가 떨어지며, 아말감이 금이빨로 변하는 등의 신비로운 현상이 성령이 주시는 은사로 착각하고 있으니 기가 막힌 일이다. 귀신들이 이 같은 가짜 은사로 속이는 이유는, 거짓 은사와 신비로운 현상으로 자신들 안에 성령이 계시다고 속아서 하나님을 만나는 기도를 하지 못하도록 하기 위함이다. 그러나 영적 분별력이 없는 대다수의 교인이 귀신에게 속아서 놀아나고 있으니 안타깝기 짝이 없는 노릇이다.

071 어찌 된 일인지, 기도하는 사람들이 대부분 귀신의 뜻을 따른다.

이 말씀은 읽는 자로 하여금 무슨 뜻인지 이해할 수 없으며 당혹게 하기 십상이다. 왜 기도하는 사람들의 대부분이 귀신의 뜻에 따른다는 말인가? 그 이유는 분별력이 없기 때문이다. 사람들이 기도할 때 드는 느낌이나 생각 등이 죄다 성령께서 주신다고 생각하지, 귀신들이 속인다는 생각을 전혀 하지 않는다. 그도 그럴 것이, 교회에서 귀신의 정체나 공격계략에 대해 전혀 가르치지 않기 때문이다. 또한 교회에 다니는 교인들은 구원받은 백성이며 성령이 안에 계시다고 가르치기 때문에, 기도할 때 성령께서 생각이나 신비로운 현상으로 자신의 뜻을 드러내시고 선한 길로 인도하신다고 생각하기 마련이다. 그러나 성경은 귀신의 별명이 속이는 자이며, 거짓의 아비, 온 천하를 꾀는(속이는)자로 부르고 있다. 귀신들은 미혹의 영으로 사람의 머리를 타고 앉아 자기 생각을 넣어주어 속이고 있다. 그러므로 자기 생각을 성경에 비추어보아 진단해야 하며 성령의 열매로 분별해야 할 것이다. 그러나 안타깝게도 자기 생각이 귀신이 넣어주는 속임수인지 알아채지 못하고 있다면, 죄다 귀신들의 수작에 놀아나고 있다고 보면 틀림없다. 섬뜩하고 두려운 일이다.

072 미혹의 영들은 기복적인 신앙으로 유혹한다.

기복신앙이란 복 받기를 기원하는 신앙으로, 예로부터 무당들이 굿을 통해 복을 기원했다. 물론 이 복은 세상에서 잘 되고 성공하며 부자가 되며 병이 낫는 세속적인 복을 말한다. 그러나 성경에서 말하는 복은 첫째 영혼이 잘 되는 복이다. 즉 구원받아 천국에서 영원히 사는 영혼의 복이다. 세상에서 형통하고 순적하게 사는 복은 그다음일 것이다. 그러나 우리네 교회는 예수 믿고 복 받으라는 캐치프레이즈로 전도의 구호로 삼았다. 조상 때부터 이미 복에 대해 친근함을 가지고 있는 사람들은 새로운 복의 출처에 관심을 갖고 교회 마당을 밟게 되었다. 그러나 이런 식의 전도방식은 기복신앙의 함정에 빠뜨리게 된다. 기복신앙은 희생의 강도를 더할수록 복도 더 크고 신속하게 받는다는 합리적이고 이성적인 접근방식이다. 그래서 천일기도가 백일기도보다 더 효험이 있고, 천만 원짜리 굿이 백만 원짜리 굿보다 효험 하다고 믿는 것이다.

여호와께서 말씀하시되 너희의 무수한 제물이 내게 무엇이 유익하뇨 나는 숫양의 번제와 살진 짐승의 기름에 배불렀고 나는 수송아지나 어린 양이나 숫염소의 피를 기뻐하지 아니하노라 너희가 내 앞에 보이러 오니 이것을 누가 너희에게 요구하였느냐 내 마당만 밟을 뿐이니라 헛된 제물을 다시 가져오지 말라 분향은 내가 가증히 여기는 바요 월삭과 안식일과 대회로 모이는 것도 그러하니 성회와 아울러 악을 행하는 것을 내가 견디지 못하겠노라 내 마음이 너희의 월삭과 정한 절기를 싫어하나니 그것이 내게 무거운 짐이라 내가 지기에 곤비하였느니라 너희가 손을 펼 때에 내가 내 눈을 너희에게서 가리고 너희가 많이 기도할지라도 내가 듣지 아니하리니 이는 너희의 손에 피가 가득함이라 너희는 스스로 씻으며 스스로 깨끗하게 하여 내 목전에서 너희 악한 행실을 버리며 행악을 그치고 선행을 배우며 정의를 구하며 학대 받는 자를 도와 주며 고아를 위하여 신원

하며 과부를 위하여 변호하라 하셨느니라(사1:11~17)

　　그러나 기복적인 신앙방식은 성경적이 아니다. 하나님은 제물을 가져와서 제사를 드리고 희생적인 기도를 하기 전에, 먼저 죄악에 물든 말과 행동, 생각과 성품을 버리고 하나님이 기뻐하시는 거룩하고 깨끗한 성품을 갖추어야 한다고 명령하신다. 그러나 안타깝게도 미혹의 영은 현대교회의 목사와 교인들을 속이는 데 성공했다. 그래서 교회 안에 기복신앙과 번영신학이 판을 치고 있다. 목사는 대형교회의 담임목사가 되고 싶어 혈안이 되었고, 교인들도 세상에서 성공하고 부유하고 싶은 속내를 버리지 않기 때문이다. 하나님은 육체의 본성을 따라 탐욕과 쾌락을 추구하며, 자신이 원하는 삶을 살고자 하는 이들은 하나님의 원수인 사탄의 자녀라고 콕 집어서 말씀하셨다. 그러나 수많은 목사와 교인들이 세속적인 축복을 추구하며 따라가는 이유는 미혹의 영의 유혹을 받아들였기 때문이다.

073 기독교인의 대부분이 미혹의 영에 사로잡혀 있음을 알아야 한다.

위의 말씀을 듣는 순간, 필자는 몸이 돌처럼 굳어지는 경험을 하였다. 도저히 성령께서 하시는 말씀이라고 받아들이기 어려웠기 때문이다. 그래서 필자가 이 주장을 펼치더라도 이를 인정하는 교인들은 거의 없을 거라는 것을 모르는 바는 아니다. 그러나 미혹의 영에 사로잡혀 있다는 증거가 무엇인가? 바로 성령이 안에 계시는 열매가 없다는 것으로 증명해야 한다. 예수님은 거짓 선지자를 삼가라고 말씀하시면서 그들의 말과 행동이 아니라 열매로 분별하라고 말씀하셨다. 그렇다면 대부분의 기독교인에게 성령께서 거주하시고 통치하시는 하나님의 나라가 이루어진 증거와 성령의 열매가 있는가? 성경에서 말하는 하나님의 나라는 말이 아니라 성령의 능력이고, 성령 안에 있는 의와 희락과 화평이라고 콕 집어서 말하고 있다. 그래서 성령의 능력을 경험하며 하나님이 의롭다고 인정해주신 증거와 기쁨과 평안을 누리고 살고 있는지 찬찬히 살펴보시라. 또한 성령의 열매는 거룩한 하나님의 성품으로, 충성스럽게 하나님의 뜻에 순종하며 살고 있어야 하며, 기적과 이적으로 드러내는 성령의 능력으로 귀신을 쫓아내며 질병을 치유하면서 영혼 구원 사역의 도구로 사용되고 있어야 한다. 그래서 대부분의 기독교인에게 성령의 증거와 열매가 있는가? 없다면 필시 미혹의 영에게 속고 있기 때문일 것이다. 그러나 안타깝게도 현대교회는 3분짜리 영접기도에 동의하고 주일성수를 하면 구원을 기정사실화 하고 있으며, 하나님을 모르는 세상 사람과 진배없이 건조하고 냉랭한 영혼과 무능하고 무기력한 믿음으로 고단하고 팍팍하게 살아가고 있음에도 자신들이 하나님의 백성임을 의심하지 않는다.

074 악기를 동원하는 기도회는 귀신들이 가장 좋아하는 기도방식이다.

굿을 할 때 분위기를 띄워주는 악기가 장구와 북, 꽹과리 등이다. 전통적인 민속악기이지만, 굿을 할 때 이들의 역할은 사람들의 마음을 들뜨게 하는 것에 있다. 성령께서는 락음악이 사탄의 음악이라고 말씀하셨다. 락음악은 드럼과 전자기타, 키보드 등을 이용해서 빠르고 음의 변화가 심하게 연주를 해서 사람들의 감정을 경악시키고 음악에 빠져들게 만든다. 그렇다면 기도회는 무엇인가? 기도회는 하나님과 내 영혼이 깊고 친밀하게 교제하는 시간이다. 그래서 집중력 있는 기도로서 하나님과 교제할 수 있다. 그러나 드럼과 키보드가 난무하는 콘서트를 방불케 하는 찬양 집회와 다름없는 기도회에서, 과연 하나님과 깊은 교제를 나누는 기도가 가능할까? 절대 불가능하다. 그렇다면 왜 교회에서 이런 기도회를 주최하는가? 사람들이 좋아하기 때문이다. 사람들은 심장 소리와 비슷한 드럼 등의 타악기 소리를 들을 때 흥분이 되며 감정이 고조되는 경향이 있다. 그래서 미혹의 영은 열정적인 기도회로 포장하여, 드럼 등의 타악기로 감정을 고조시켜 흥분에 휩싸이는 종교행사로 변질시키는 데 성공하였다.

075 귀신들은 그들의 방식대로 기적과 이사를 일으킨다. 놀라운 능력이 그들에게도 있다.

악한 자의 나타남은 사탄의 활동을 따라 모든 능력과 표적과 거짓 기적과 불의의 모든 속임으로 멸망하는 자들에게 있으리니 이는 그들이 진리의 사랑을 받지 아니하여 구원함을 받지 못함이라 이러므로 하나님이 미혹의 역사를 그들에게 보내사 거짓 것을 믿게 하심은 진리를 믿지 않고 불의를 좋아하는 모든 자들로 하여금 심판을 받게 하려 하심이라 (살후2:9~12)

귀신들도 놀라운 영적 능력을 갖추고 기적과 이적을 베푼다는 사실을 아는가? 성경은 그들도 모든 능력과 표적과 성령으로 속이는 거짓 기적을 베푼다고 말하고 있다. 그러나 현대교회의 지도자와 교인들은 귀신들의 정체와 공격계략에 무지하므로 이들의 역사에 대해서도 깜깜하다. 필자가 그동안 수백 명의 사람에게서 귀신을 쫓아내면서 수많은 기이하고 놀라운 경험을 했다. 세간에서 말하는 성령 춤이나 방언 찬송, 웃으면서 뒤로 자빠지고, 금가루가 손바닥에 떨어지고 아말감이 금이빨로 변하는 수준이 아니다. 허리가 뒤로 꺾여서 뒷머리가 엉덩이에 닿고, 목이 부러진 것처럼 팽이처럼 빠르게 돌리는 것도 목격했다. 사람의 입을 조종하며 자기 마음대로 말하며 팔과 다리도 조종하는 것도 지켜보았다. 그러나 귀신을 무시하는 대부분의 교인은 필자의 목격담을 믿지 못하겠지만 말이다.

076 성령의 방식이 아닌 것은 악한 영들이 속이는 것이다.

성령께서 하시는 방식은 성경에 기록되어 있다. 그렇다면 성경에 없는 신비한 현상이나 기이한 능력이 성령께서 하시는 것인지 어떻게 아는가? 많은 교인이 성경에도 없는 기이하고 신비한 현상을 성령이 하시는 것이라고 철썩같이 믿고 있다. 자신 안에 성령이 계시니까 이런 기사와 신비한 현상이 나타난다고 주장한다. 그래서 성경에도 없는 성령 춤, 방언 찬송, 영서, 웃으면서 뒤로 자빠지고, 손바닥에 금가루가 떨어지고, 아말감이 금이빨로 변하며, 성령이 전이된다고 하여 임파테이션이라 부르며 손을 벌벌 떨고 있다. 그러나 성령께서는 성경에 기록된 성령의 방식이 아니면 죄다 귀신들의 조작이라고 말씀하고 계시다. 성령께서 신비한 능력을 주시는 이유는 사람들을 놀라게 하거나 자기 의를 드러내며 자랑하게 하려는 것이 아니라 영혼 구원 사역을 위해 주시는 것이다. 그러나 신비한 현상을 성령의 능력이라고 주장하는 대부분의 사람은 많은 추종자를 거느리며 교세를 넓히고 자기과시에 빠져서 자기 의를 드러내는 수단으로 삼고 있다.

077 떼쓰는 방식은 악한 영의 방식이다.

어린아이가 문구점 앞에서 장난감을 사달라고 땅에 드러누워 악을 쓰는 모습을 본 적이 있는가? 그러면 어머니가 창피해서 얼른 사주기를 바라면서 말이다. 그 아이가 이렇게 자신만의 방식대로 어머니를 윽박지르며(?) 소원을 이루는 방법을 체득하게 된 것은 그동안의 학습효과를 통해서였을 것이 틀림없다. 이런 일이 교회에서도 있다. 하나님께 소원을 얻는 기도방식이다. 그냥 기도해서 응답이 없으면 작정 기도를 하거나 매번 헌금 봉투를 가져오면서 기도를 하거나, 이도 저도 통하지 않으면 아예 기도원에 짐 싸 들고 올라가서 금식을 선포하기도 한다. 이는 희생적인 기도행위를 통해서 하나님께 무력 시위하는 것처럼 보인다. 그러나 하나님은 사람이 아니다. 그러므로 떼를 쓴다고 들어주시는 분이 아니다. 그러나 왜 이런 기도방식이 교회에 퍼지게 되었을까? 그것은 귀신이 사람의 머리를 타고 앉아 속여 넣어주는 생각이었기 때문이다. 세상에는 이런 일이 통한다. 지자체의 민원실에 가보라. 막말과 욕설을 마다하지 않고, 심지어는 바닥에 드러누워 고래고래 소리를 지르는 민원인을 볼 수 있다. 그러면 공무원들의 대응책은 진상 민원인이 왔다고 피하거나, 피곤한 일을 막기 위해 웬만하면 들어주기도 한다. 그렇다면 이 진상 민원인의 행동은 어디에서 비롯되었을까? 바로 악한 영이다. 그들이 고집과 억지를 부리고 거친 말과 생동을 일삼게 하는 이유는 귀신들이 즐겨 쓰는 수작이기 때문이다.

078 사탄 - 마귀 - 귀신

하나님의 군대에는 서열이 있다. 하나님의 명령을 떠받드는 미가엘 천사장이 있고 그 밑에 천사들이 포진되어 있다. 그런 것처럼 악한 영의 군대에도 명백한 서열이 있다. 루시퍼라 이름 붙은 사탄의 휘하에 고급영인 마귀들이 있으며, 마귀들은 하급영인 귀신들에게 명령하고 부리고 있다. 그러나 성경에는 그들의 이름만이 나올 뿐, 어떤 조직으로 일사불란하게 움직이고 있는지에 대한 언급은 없다. 그러나 성령께서 필자에게 이들의 지휘체계에 대해 말씀해주셨다. 사탄은 전 세계에 흩어져 있는 수많은 마귀에게 지시하고, 마귀들은 사람에게 들어가서 잠복한 뒤 수많은 귀신을 불러들여 배와 가슴에 집을 짓게 하고 사슬을 묶어서 공포와 두려움으로 이들을 통제하고 있다고 말이다. 마귀는 미혹의 영이라고 불리는 고급 영으로, 사람의 머리를 타고 앉아 조종하거나 뇌를 파괴하며 정신질환을 일으키는 무서운 놈이다. 귀신들은 하급 영으로 육체를 조종하거나 수많은 고질병을 일으켜서 육체를 망가뜨리고 있다. 그러므로 악한 영의 군대의 지휘체계나 그들의 공격계략에 무지하다면 평생 이놈들에게 시달리면서 고통스러워하다가 지옥 불에 던져지는 운명이 될 것이다. 그러나 이런 지휘체계는 귀신을 쫓아내는 사역을 하지 않은 사람들은 도무지 알 수가 없으니 답답하고 안타까운 노릇이다.

079 장신(귀신)인 자들은 성경을 주로 눈으로 보게 하고 지식으로 보게 한다.

지금은 고인이 되었지만, 예전에 귀신에 대한 여러 권의 책을 써서 베스트셀러가 된 목사가 있다. 이 목사는 실제 귀신을 쫓아 내는 사역을 하지 않았지만, 입만 열면 귀신에 대해 많은 이야기를 쏟아냈다. 그러나 이 목사가 한 이야기는 실제가 아니다. 귀신이 넣어준 허구에 불과하다. 필자가 어떻게 그것을 아느냐고? 성령께서 귀신의 정체와 공격계략에 대해 많은 이야기를 해주셨으며, 실제로 귀신을 쫓아내면서 수많은 전투경험을 쌓으면서 보아왔기 때문이다. 영성학교에는 몸담은 식구 중에 이 목사가 있던 교회에 여러 해를 다닌 분이 있다. 그런데 이분이 필자에게, 그 목사는 성경을 정독해서 읽지 말고 그냥 대충 훑어보면서 읽으라고 했다고 한다. 그런 독서방법이 영으로 읽는 것이라면서 말이다. 그 얘기를 처음 들었을 때 헛웃음만 나왔으며, 말도 안 되는 이야기를 왜 지어내는지 도통 이해할 수 없었다. 그러나 성령께서 귀신들이 성경을 눈으로 보게 하고 지식으로 쌓아두게 한다는 말씀을 들었을 때 비로소 이해가 되었다. 귀신들은 성경 말씀을 가슴으로 받아들여 말씀대로 사는 것에 대해 무한한 공포심을 가지고 있다. 왜냐면 하나님은 말씀으로 존재감을 드러내시는 분이기 때문이다. 그래서 성경을 정독해서 성령이 주시는 깨달음으로 가슴에 내려온다면, 필시 하나님의 능력이 나타나서 자신들의 정체를 발견하고 내어 쫓아낼 것을 두려워하기 때문이다.

080 욕하고 입으로 상처를 주는 자들은 귀신들이 입천장과 잇몸 사이에 많이 붙어있다.

이 말씀을 듣는 즉시 섬뜩한 느낌이 들었다. 귀신들이 입천장과 잇몸 사이에 붙어있다는 상상을 해보니 두려움이 엄습해왔기 때문이다. 그러나 일찍이 다윗은 귀신들의 정체와 공격계략에 대해 훤히 꿰뚫고 있었던 것처럼 보인다.

그들이 저물어 돌아와서 개처럼 울며 성으로 두루 다니고 그들의 입으로는 악을 토하며 그들의 입술에는 칼이 있어 이르기를 누가 들으리요 하나이다 여호와여 주께서 그들을 비웃으시며

모든 나라들을 조롱하시리이다(시59:6~8)

　다윗은 죄악을 행하는 악인들을 가리켜 개에 비유하였으며, 개는 계시록에서 지옥에 던져지는 악인으로 지칭되었기도 한다. 즉 개는 악인을 말하며 그들의 입술에는 칼이 있어서 남에게 욕설을 하고 상처를 주어 인격살인을 하고 있다고 밝히고 있다. 이 칼이 바로 귀신들의 소행임을 어렵지 않게 알 수 있다. 귀신들은 수없이 몸에 잠복하여 교묘하게 속여서 죄를 짓게 하며 육체를 파괴하고 고질병을 들게 하고 장애를 일으키고 있다. 덧붙여 말과 행동으로 다른 사람의 영혼을 파괴하는 일도 서슴지 않는다. 그러므로 욕하고 상처를 주는 이들을 멀리하거나 조심하여야 할 것이며, 피할 수 없다면 보혈의 공로를 의지하여 이들의 공격을 물리쳐야 할 것이다.

081 기도하는 일꾼들은 지도자급 귀신들을 따로 쓴다.

　귀신들은 타락한 천사이다. 천사의 우두머리는 천사장이다. 하나님의 군대에도 미가엘 천사장 밑에 수많은 천사로 이루어져 있듯이, 악한 영들도 사탄의 총수 밑에 고급영인 마귀들과 하급영인 귀신들로 이루어져 있다. 성령께서는 고급영인 마귀가 사람의 머리를 타고 앉아 뇌를 점거하고 조종하면서, 하급영인 수많은 귀신을 불러들여 가슴과 배에 집을 짓고 있으며 쇠사슬로 묶어서 통제하고 있다고 말씀하셨다. 그렇다면 이들이 가장 두려워하는 이가 누구인가? 바로 하나님이시다. 그렇기에 귀신들은 하나님과 깊고 친밀하게 교제하는 기도를 하는 사람 안에 성령께서 거주하시고 있다는 것을 잘 알고 있다. 그래서 귀신들이 가장 두려워하는 사람이 성령과 교제하는 기도를 하는 기도자이다. 하나님은 성령과 깊고 친밀하게 기도하는 이들로 하여금 귀신을 쫓아내는 영적 전쟁의 군사로 사용하신다. 그러므로 귀신들은 기도하는 일꾼들을 공격하기 위해, 탁월한 능력을 갖춘 고급영인 마귀급의 귀신들을 보내어 속여서 공격한다. 기도하지 않는 교인들에게는 기도를 하지 못하게 하는 공격을 주로 사용하지만, 기도하는 일꾼들은 이런 공격에 잘 넘어가지 않으므로 성경 지식을 넣어주어 속이거나 가짜 성령의 은사나 신비적인 현상으로 속인다. 또한 희생적인 기도를 많이 하는 이들은 기도를, 자신의 종교적인 의로 삼아서 하나님께 돌려야 할 영광을 가로채는 죄를 짓기에 십상이다. 기도의 일꾼들에게 영 분별의 은사가 없다면 귀신들에게 당하기 쉽다. 그러므로 기도하는 일꾼들은 영 분별의 은사를 구해야겠고, 성령의 은사나 신비로운 현상, 자기 의를 조심하고 예수님께서 말씀하신 성령의 열매로 분별하기에 힘써야 할 것이다.

082 소금이 맛을 잃으면 아무것도 할 수 없나니, 귀신들도 하나님의 입으로 나오는 말씀을 무기로 쓴다.

귀신들도 성경 말씀으로 속인다면 경악할 교인들이 적지 않을 것이다. 그러나 이것은 사실이다. 예수님이 공생애를 시작하기 전, 광야에서 금식하며 기도로 준비하고 있을 때 사탄이 찾아와서 성경 말씀을 이용하였던 것을 생각해보라. 하나님이신 예수님께 성경 말씀으로 시험한다는 사실이 기가 막히지 않은가? 통일교나 몰몬교도 여러 경전에다 성경을 끼워 넣고 있으며, 이단들도 성경을 인용하되 자의적으로 해석해서 이용하고 있지 않은가? 바리새인과 서기관들도 당시 성경인 모세오경을 암송해서 백성들에게 가르쳤지만, 예수님은 그들을 향해 독사의 새끼라며 저주하셨다. 그러므로 성경 말씀을 줄줄이 앞세우고 가르친다고 하더라도 그들을 믿지 말고, 그들이 말하는 속내나 동기, 목적이 과연 하나님의 뜻인지 날카롭게 분별해야 할 것이다.

083 사람들이 귀신이 자신을 조종한다고 하면 질겁을 하지만, 귀신들은 사람들 속에 들어가 살고 안방 드나들 듯이 들어가 이곳저곳을 다니며 자기들의 정체를 모르는 사람들을 지혜가 없다고 한다.

이 말씀을 들으면 기겁을 할 사람들이 적지 않을 것이다. 그러나 귀신들은 사람들의 머리를 타고 앉아 뇌를 조종하는 놀라운 영적 능력이 있다. 가룟 유다의 예를 보자. 사탄이 그에게 예수를 팔려는 생각을 넣었다고 말하지 않은가? (요13:2) 그런 다음에 마귀가 그 안에 들어갔으며, 예수님은 12제자 중의 한 사람이 마귀라고 선언하셨다. 성경에는 귀신이 들려서 정신질환과 고질병, 장애를 가진 수많은 사람을 소개하고 있다. 귀신들이 안에 들어가서 뇌를 망가뜨리고 육체의 곳곳을 병들게 하고 장애를 일으킨다고 말하고 있다. 그러나 현대교회의 교인들은, 귀신이 어떻게 빛인 하나님의 자녀에게 범접하며 들어갈 수 있냐고 반문하고 있다. 그렇다면 교인들은 정신질환에 걸리지 않으며 고질병이나 장애도 없어야 하지 않겠는가? 그러나 귀신들이 정신질환과 고질병을 일으킨다는 말에 대해 언급하는 목사들은 없다. 오직 성경에만 기록되어 있을 뿐이다. 필자의 사역은 귀신을 쫓아내고 정신질환과 고질병을 치유하며 기도훈련을 하는 것이다. 축출기도를 통해 귀신이 쫓겨나가면서 귀신들이 일으킨 정신질환과 고질병이 치유되는 것을 직접 경험하지 못한다면, 앞서 말한 것들이 어떻게 믿어지겠는가?

084 악한 영들은 그들이 기도하는 목적이 무엇인지 파악한다, 그리고 그것으로 공격한다.

악한 영들은 기도하는 사람들의 내용을 읽고, 그들이 소원하는 바를 교묘하게 미혹시키고 공격하고 있다. 목사들은 대형교회의 담임목사가 되는 목회 성공이 영혼 구원의 목적보다 자신의 부와 명예를 얻기 위함이고, 은사를 추구하는 교인들 역시 성령의 은사를 통해 영혼 구원의 도구로 사용하려는 것이 아니라 자신의 종교적인 의를 드러내고 싶어 하는 것이고, 세속적인 교인들이 부와 성공을 구하는 것도 하나님의 영광과 아무런 상관이 없다. 기도란 하나님과 깊고 친밀하게 교제하는 통로이며, 하나님의 이름을 부르며 자신의 정체성을 확인하고 찬양하여 감사하고 영광을 돌리며, 죄를 회개하고 하나님의 뜻을 구함으로 하나님을 기쁘시게 하는 예배행위이다. 그러나 기도행위를 통해 자신의 소원을 이루고 탐욕을 채우고 있으면서도, 무엇이 잘못된 것인지도 모르고 있으니 안타깝기 짝이 없다. 이는 귀신이 기도하는 사람들의 목적을 교묘하게 속여서 공격하고 있기 때문이다. 그래서 그동안 교회에서 시행하는 수많은 기도회에서의 기도가 응답이 없자 교인들이 기도 자리에 보이지 않는 이유이다.

085 귀신 안에 집을 짓고 사는 이들도 있다. 집을 짓고 사는 이들은 점치는 이들이다. 점쟁이들이 사람들의 마음을 아는 것도 이 때문이다.

바울이 마케도니아의 첫 성인 빌립보에서 선교여행을 시작할 때, 점치는 귀신들린 소녀가 계속 따라다니며 바울의 신분을 드러내고 있다. 그렇다면 이 점치는 소녀는 어떻게 바울에 대해 훤하게 알게 되었는가? 이는 점치는 귀신이 소녀 안에 들어앉아 있기 때문이다. 지금도 귀신이 들어앉아 점을 치는 점쟁이들은, 점을 치러 오는 사람들의 신상에 대해서 훤하게 꿰뚫고 있어서 사람들을 놀라게 하고 미래의 일을 믿게 한다. 그렇다면 어떻게 점쟁이들이 이들의 과거사를 잘 알게 되었느냐고? 이는 점치는 귀신이 안에 들어앉아 이들의 생각과 마음을 읽어서 점치는 사람의 귀에 들려주기 때문이다. 필자도 성령으로부터 영음을 들을 때 귀신이 감쪽같이 속인 적이 있다. 귀신이 넣어주는 말들은 기가 막히게 맞았다. 왜냐면 그들은 사람들의 생각을 읽고 필자에게 말해주어서 속였기 때문이다. 이런 일이 세상의 점쟁이에게만 있는 것이 아니라 예언의 은사를 받았다는 사람에게도 동일하게 나타난다. 분별의 능력이 없다면 성령이 넣어주는 예언의 말씀이라고 전하는 말들이, 실상은 귀신들이 넣어주는 말에 속은 거짓 예언자들이다. 그래서 구약에 보면 거짓의 영이 거짓 예언자의 입에, 그들의 말을 넣어주는 사건이 기록되어 있기도 하다. 그러므로 점쟁이를 찾아가는 것은 귀신의 소리를 듣는 사악한 행위이며, 예언을 한다는 이들의 말도 분별을 하지 못한다면 귀신에게 속아서 멸망 길에 들어서게 된다는 것을 잊지 마시라.

086 마지막이 가까울수록 미혹의 영은 더욱 미혹시키고 특히 지도자를 많이 미혹시킨다.

종말의 날이 가까울수록 미혹의 영은 발악하듯이 하나님의 백성들을 미혹시켜 지옥으로 던져 넣으려고 발악을 하고 있다. 귀신들은 자신의 참혹한 운명을 변경할 수 없다는 것을 잘 알고 있기에, 수단과 방법을 가리지 않고 하나님이 사랑하시는 자녀들에게 시기와 질투, 분노와 증오를 쏟아부어서 하나님의 역사를 집요하게 방해하고 있다. 특히 미혹의 영은 교회 지도자들을 교묘하고 치밀하게 미혹시킨다. 그래서 신학자들이 성경을 자의적으로 해석하여 아전인수식으로 변질시킨 말씀을 신학교에서 가르치고, 이들의 학문을 배워 졸업한 목사들이 변질된 말씀을 교회에서 가르쳐서 수많은 교인이 미혹되어서 멸망의 길로 걸어 들어가고 있으니 기가 막힌 일이다. 교회 지도자들은 신학자들을 비롯한 목사와 장로 등 드높은 직분을 가진 사람들이다. 이들은 성경 지식도 해박하고 희생적이고 열정적인 신앙 행위를 해왔기 때문에, 미혹의 영은 성경 지식을 교묘하게 비틀어서 속이고 자기의와 자기만족에 빠지게 하여 속이는 데 성공하였다. 예수님 시대의 바리새인과 서기관들은 유대교 지도층 인사였다. 그들은 당시 성경인 모세오경을 암송해서 백성들에게 가르치고 육백여 가지가 넘는 율법의 조항들을 철저하게 지켰다. 그러나 예수님은 이들이 사탄의 자녀들이며, 이들이 교인으로 만드는 사람들도 죄다 지옥 불에 던져진다고 저주하시고 책망하셨다. 그 이유는 이미 그들의 머리에 미혹의 영이 타고 앉아 속이는 데 성공하여서, 결국은 귀신의 앞잡이인 좀비로 전락하였기 때문이다. 이 같은 귀신의 계략은 현대교회에서도 동일하게 사용되고 있다.

087 평소에 기도를 많이 해놓아야 한다. 전쟁 때는 귀신들이 많이 압박해오기 때문이다.

전쟁이 일어난 이후에 군인들을 훈련하는 군대라면 전쟁은 하나 마나 지게 될 것이다. 전쟁이 터지면 훈련할 시간도 부족하고 평안한 마음으로 훈련에 임하는 군인들도 없기 때문이다. 그러므로 평시에 실제로 전투하는 것처럼 혹독하게 훈련을 해야 하는 이유이다. 영적인 전쟁도 이와 유사하다. 필자의 사역은 성령이 내주하는 기도훈련을 하는 것이지만, 그 중심이 귀신들을 쫓아내고 귀신들이 일으킨 정신질환과 고질병을 치유하는 사역이다. 지금까지 수백 명의 사람에게서 귀신을 쫓아내고 질병을 치유했다. 귀신을 쫓아내는 기도를 시작하면 귀신들이 격렬하게 반항하고 기도자에게 공격하는 일도 허다하다. 기도자에게 폭력을 가하는 경우도 더러 있지만, 대부분은 엄청난 힘으로 저항하며 압력을 가한다. 이 압력은 영적으로 느껴지는 힘인데, 기도할 때 벽에 부딪치는 느낌이 들거나 엄청난 힘이 소진되기도 한다. 그래서 기도의 내공이 쌓이지 않은 사람들은 조금만 기도해도 탈진이 되기도 하며, 기도에 집중하는 것이 힘들고 힘이 많이 소진된다. 필자도 오래전에 귀신을 쫓아내는 사역을 시작할 때, 10여 분 기도했는데도 무척이나 피곤했던 기억이 있다. 그러나 차츰차츰 내공이 쌓여서 지금은 한 시간도 거뜬히 하고 있다. 귀신을 쫓는 축출기도를 해보면 알겠지만, 그냥 기도하는 것과는 다르게 엄청나게 영적 저항에 부딪치게 된다. 그 외에도 기도훈련이 되어 있지 않거나 영적 능력이 현저하게 부족한 사람들은, 귀신들이 미리 알고 무섭게 하는 공격으로 기도 자체를 시도하지 못 하는 일은 허다하다. 특히 폭력을 행사하는 사나운 귀신이 들어있는 경우는, 위험한 사태가 벌어지는 일도 있으므로 영적 능력이 없는 사람이 혼자서 축출기도를 하는 것은 금물이다. 그러므로 축출기도로서 귀신을 쫓아내려면, 오랫동안 기도의 내공을 쌓아서 성령의 능력이 있음을 검증한 후에 축출기도를 하시기를 바란다. 아니면 영적 능력이 있는 사람과 함께 기도하면 귀신들도 함부로 공격하지 못하므로 안전하다.

088 귀신은 어디에나 많고 무수한 군대를 이끌고 다닌다
군대용어를 쓴 게 이 때문이다.

　예수님께서 거라사 광인에게 들어가 있는 귀신에게 이름이 무엇이냐고 질문을 하신다. 그러자 귀신은 군대라고 대답한다. 군대라는 단어는 헬라어로 '레기온'인데, 로마군의 여단 병력으로 6천 명으로 이루어져 있었다고 한다. 예수님이 귀신들의 이름을 물어본 목적은 그들의 숫자가 많음을 사람들에게 알리기 위해 하신 질문이다. 거라사 광인 안에 수천 마리의 귀신들이 들어가 있었다. 한 사람 안에 수천 마리의 귀신들이 들어가 있다면 세상에 얼마나 많은 귀신이 존재한다는 말인가? 성령께서는 귀신들이 지구를 덮고 있을 만큼 많다고 하신 적이 있다. 사람의 숫자보다 훨씬 많은 귀신이 존재한다는 뜻이다. 또한 귀신들은 하나님을 두려워하기 때문에 떼를 지어서 몰려다니면서 사람 안에 들락날락하고 있다고 하시기도 하였다. 그러나 세상 사람들은 물론 목사들과 교인들조차 귀신의 정체와 공격계략에 대해 무지하니 기가

막힌 일이다. 어쨌든 귀신들은 군대처럼 수많은 숫자로 이루어져 있으며, 일사불란하게 사람들에게 잠복하고 공격하여 불행에 빠뜨리고 고통을 주어 영혼과 생명을 사냥하고 있으니 섬뜩한 일이다.

089 차지도 뜨겁지도 않은 믿음, 귀신들이 조종하는 기복신앙이 그렇다.

> 내가 네 행위를 아노니 네가 차지도 아니하고 뜨겁지도 아니하도다 네가 차든지 뜨겁든지 하기를 원하노라 네가 이같이 미지근하여 뜨겁지도 아니하고 차지도 아니하니 내 입에서 너를 토하여 버리리라 (계3:15,16)

계시록에서 예수님은 미지근한 신앙의 태도를 질타하시면서 이런 사람들을 버리시겠다고 경고하셨다. 그렇다면 어떤 사람들이 미지근한 신앙의 소유자인가? 바로 기복신앙을 추구하는 교인들이다. 기복신앙은 성경적인 믿음의 방식이 아니라 무당들이 추구하는 신앙방식이다. 즉 희생의 강도를 높여서 복을 빌면, 그들이 섬기는 신이 축복을 내려주신다는 내용으로 우리네 조상 때부터 내려왔던 신앙방식이다. 그러나 성경은 희생의 강도를 높여서 하나님께 제사를 드리며 율법을 지킨다고 기뻐하신다고 하지 않으셨다. 하나님은 희생적인 신앙 행위를 하는 속내와 동기와 목적이 하나님의 뜻에 합당하게 행하여 하나님을 기쁘시게 해야 한다고 하신다. 그러므로 세상적이고 인본적이고 마귀적인 기복신앙을 교회에 들여와서 추구하는 목사들과 교인들은 귀신들의 좀비인 셈이며, 그 신앙 행위들도 하나님이 미워하시는 바가 될 것이다.

090 즐겁지 않은 기도, 주인을 잃고 다니는 종, 입이 가벼운 자들, 지식이 없는 자들도 악한 영이 조종하는 사람들이다.

성령께서는 악한 영이 조종하는 사람들의 특징을 조목조목 말씀하셨다. 그것들을 살펴보면, 먼저 기도가 즐겁지 않은 사람이다. 기도가 즐겁지 않다는 것은 기도를 의무적으로, 마지못해서, 형식적으로 하는 종교적인 사람들이다. 종교적인 사람들은 자신의 종교 행위로 자기 의와 자기만족으로 삼기에, 하나님과 교제하는 기도가 즐거울 리가 없다. 주인을 잃고 다니는 종이란, 자신 안에 주인이신 성령님이 계시지 않는다는 것이다. 성령이 계시지 않는다면 마귀가 속여서 점거하고 있을 것이 불 보듯 환하다. 입이 가벼운 자들이라는 뜻은 하나님의 뜻인지 심사숙고하면서 깊이 분별해서 말하는 것이 아니라, 생각나는 대로 말하고 싶은 대로 말하고 행동하는 자기중심적인 사람을 말한다. 그들은 자신이 주인이고 자기 마음대로 사는 자유인이라고 생각하지만, 실상은 미혹의 영이 그들 안에 몰래 잠복해서 머리를 타고 앉아 자기 생각을 넣어주어 속이고 있는지 까마득히 모르고 있다. 지식이 없는 자들도 귀신이 조종하는 사람들이다. 여기서 말하는 지식은 세상 지식이 아니라 하나님을 아는 지식을 말한다. 하나님을 아는 지식이란 성경 지식이라기보다 하나님의 뜻을 말하는 것임에 유의하시라. 하나님의 뜻을 알려면 성경 지식으로 시작하지만, 성령이 주시는 깨달음을 통해 하나님의 뜻이 가슴으로 내려와서 그 뜻대로 살려고 몸부림치고 있어야 한다. 그러나 단지 성경 지식을 머리에 쌓아두는 것은 하나님의 뜻과 아무런 상관이 없다. 바리새인들과 서기관들이 그랬다. 그들은 당시 성경인 모세오경을 암송해서 백성들에게 가르쳤지만, 정작 성경의 주인이신 예수님이 누구인지 몰랐으며 배척하고 십자가에 못 박았다. 그러므로 성경 지식이 해박하다고 하나님의 종이 아니라, 하나님의 뜻을 분별하고 깨달아서 전능하신 하나님 말씀의 능력을 삶에서 체험하면서 증명해야 할 것이다.

091 귀신들이 호심경이 있는지를 본다. 호심경은 주 예수 그리스도의 보혈이다. 미혹당하는 자들은 호심경이 없는 자들이다.

그러므로 하나님의 전신 갑주를 취하라 이는 악한 날에 너희가 능히 대적하고 모든 일을 행한 후에 서기 위함이라 그런즉 서서 진리로 너희 허리띠를 띠고 의의 호심경을 붙이고(엡6:13,14)

호심경이란 심장을 보호하기 위해 가슴 부위에 붙이는 구리 조각으로 만든 갑옷의 일부이다. 바울은 의의 호심경이라고 불렀는데, 하나님의 의는 예수 그리스도의 십자가 보혈을 통해 구원의 기회를 주신 것을 말한다. 그러므로 귀신들은 사람 안에 성령이 주시는 십자가 보혈의 능력이 있는지를 날카롭게 살펴보고, 없는 사람들을 무차별하게 공격하여 포로로 잡고 있다. 말로는 예수님의 십자가 보혈을 믿는다고 하지만 성령이 주시는 보혈의 능력이 없기 때문에, 마귀의 속임수를 분별하지 못해서 이들이 쳐놓은 죄의 덫에 걸려 넘어지며 귀신들과 싸워 이길 수 없다.

092 귀신들이 하는 일은 기도하는 자들이 어찌하든지 기도하지 못하게 하고, 믿는 자들을 믿음에서 떠나게 하고, 시기, 질투, 미움을 넣어주고 자기 동료들을 모아서 기도하는 양들에게 무게를 달지 못하도록 하고, 지혜 있는 자들이 우리에서 떠나 우왕좌왕 하게 하고, 자기들이 우리로 들어가서 죽이고 도적질하고 멸망시키기 위함이라.

위 말씀들을 보면 귀신들이 가장 집요하게 공격하는 계략이 기도하지 못하게 하는 것임을 알 수 있다. 이들의 공격은 주효해서, 대부분의 교인이 하루에 10분도 기도하지 않으며 대부분의 목사도 하루에 30분도 기도하지 않는다. 기도하는 소수의 교인도 하나님과 깊고 친밀하게 교제하는 기도가 아니라 자신의 소원을 이루고 삶의 문제를 해결해달라는 읍소가 전부이다. 또한 귀신들은 믿음에서 떠나서 서로 미워하고 싸우고 분열하게 하여 죄의 포로가 되어서 생명과 영혼을 사냥하고 있다. 안타까운 것은, 기도하는 교인들조차 속여서 성령의 열매를 맺지 못하여 무능한 기도행위만을 반복하게 만든다. 그래서 지혜로운 자들일지라도 하나님을 떠나서 유리 방황하다가 귀신들에게 잡혀서 먹히고 있으니 기가 막힌 일이다. 이 시대가 바로 그렇다. 성령과 깊고 친밀하게 교제하는 기도의 습관이 없는 대부분의 목사와 교인이, 자의적으로 해석한 신학자들의 주장을 좇아 무능하고 무기력한 믿음으로 고단하고 팍팍하게 살고 있으니 답답하기 짝이 없는 노릇이다.

093 기도를 쉬는 동안 악한 영들이 자기의 집을 짓는다.

쉬지 말고 기도하라 … 이것이 그리스도 예수 안에서 너희를 향하신 하나님의 뜻이니라(살전5:17~18)

나더러 주여 주여 하는 자마다 다 천국에 들어갈 것이 아니요 다만 하늘에 계신 내 아버지의 뜻대로 행하는 자라야 들어가리라(마7:23)

사도바울은 쉬지 말고 기도하라는 명령이 하나님의 뜻이라고 콕 집어서 밝히고 있다. 그러나 대부분의 교인은 하루에 10분도 기도하지 않으며 대부분의 목사도 하루에 30분도 기도하지 않는다. 그러면서 자신들의 천국행을 절대 의심하지 않는다. 예수님은 하나님의 뜻대로 행하지 않는 자들은 죄다 지옥 불에 던져질 것을 경고하고 계시다. 그렇다면 쉬지 않고 기도하지 않는 사람은 지옥행이라는 게 아닌가? 그러나 현대교회에서는 이런 말을 도무지 들을 수가 없다. 그렇다면 예수님의 말씀이 거짓인가, 아니면 현대교회의 가르침이 가짜인가? 손바닥 뒤집듯이 쉬운 질문이지만 아무도 진실을 마주할 생각이 없다. 왜 그런지 아는가? 기도를 쉬고 있는 자들은, 귀신들이 안에 집을 짓고 들어가 앉아서 머리를 타고 앉아 자기 생각을 넣어주어 속이는 데 성공했기 때문이다. 그래서 기도를 하지 않아도 천국에 들어간다고 철석같이 믿고 있으니 기가 막히지 아니한가?

094 점치는 귀신들이 점쟁이들에게, 상대방의 사건이나 경험들을 귀에 넣어준다. 그러나 앞길은 모른다.

용한 점쟁이들의 얘기를 들어보셨을 것이다. 그들은 내담자가 입을 열기도 전에, 왜 찾아왔는지, 문제가 무엇인지 줄줄이 늘어놓아서 듣는 사람을 경악하게 만든다. 그래서 그들의 권면이나 처방을 듣고 기뻐하며 복채를 두둑하게 내어놓는다. 필자도 귀신의 이야기를 들어본 적이 있다. 성령께서는 귀신들이 알아낸 정보를 자신들의 저장장치에 넣어놓고 절대 잊어버리는 일이 없다고 하셨다. 귀신들은 이 사람 저 사람에게 들어가서, 그들의 생각을 읽어서 알아낸 다음에 자신이 조종하는 점쟁이의 귀에 들려주는 식이다. 점쟁이들이 손바닥 들여다보듯이 훤하게 알고 있는 이유이다. 그래서 필자가 성령께 그들이 앞에 일어난 사건도 알고 있냐고 물어보았더니, 성령께서는 그들은 미래에 일어날 일에 대해서는 모른다고 말씀하셨다. 그러나 점쟁이들이 앞날을 점치는 것도 상당수 맞아떨어지지 않는가? 그 이유는 필자가 직접 체험해보아서 알고 있다. 귀신들은 사람의 머리를 타고 앉아 생각을 속여 충동질을 해서, 자신이 지목한 사람으로 하여금 예언한 대로 행동하도록 부추기면서 앞일을 알아맞히는 것처럼 속이는 것이다. 그러나 귀신들의 힘은 한계가 있으므로 대선후보를 알아낸다든가, 역사의 방향을 알아맞힐 수 없다. 물론 우연히 맞힐수는 있지만 틀리는 경우가 허다하다. 그러나 개인의 일상사의 예언은 상당수 들어맞는다. 한 사람을 속이는 것은 귀신들이 얼마든지 할 수 있기 때문이다. 그러나 세상 사람이나 교인들이나 귀신들의 계략이나 속임수에 대해서 무지하기 때문에 당하고 사는 것이다.

095 자기를 지도하는 악한 영이 점치러 가는 사람들에게, 가족이 피해를 본다고 협박하고 자기는 귀신들에게 조종당하고 있다는 사실을 모른 채, 조급하고 입으로 말하는 모든 것이 귀신들에 의해서 미혹당하고 있는 대로 종노릇하며, 복만 믿고 찾아다니고 헛되고 거짓된 악한 미혹의 영에 유린당하고 있는 것을 모르고 이집 저집 찾아다니며 주리고 목마르고 죄 사함도 없는 귀신들에게 엎드려 절하고, 귀신들한테 정신이 팔려서 죽음이 코앞에 있는지 모르고 지혜롭지 못하고 복만 구하는 미련한 자들임에 틀림없다.

이 말씀은 귀신들을 섬기면서 점을 치고 굿을 하며 무당이 시키는 대로 하여 재산과 인생이 털리는 사람들의 상황을 말씀해주고 계시다. 성령께서 자세히 말씀하여주셨으므로 더 이상의 설명이 필요 없을 정도이다. 무당을 찾아가면, 굿을 하지 않으면 재앙이 닥쳐서 재산을 잃고 가족들의 생명이 위험하다고 겁박하기 일쑤이다. 그래서 두려워서 많은 돈을 들여 굿을 하고 무당이 시키는 대로 하게 된다. 귀신들은 재앙과 불행을 두려워하는 사람들의 심리를 이용하여 끊임없이 공포 속에 살게 하여 재산과 삶과 영혼을 탈탈 털고 있다. 또한 복을 원하는 사람들에게 부와 성공을 약속하여 사슬로 묶어서 평생을 끌고 다니다가 영혼과 생명을 황폐하게 만들고 있으니 섬뜩하고 잔인한 놈들이 아닐 수 없다. 우리 조상들은 죄다 무당들의 협박과 속박으로 불행한 인생을 살아왔으며, 지금도 우리 주변에 이런 사람들이 널려 있다. 두렵고 경악스러운 일이다.

096 제사하는 자들이 복을 받지 못하는 것은 귀신을 섬기기 때문이다.

제사는 귀신에게 절을 하는 대표적인 우상숭배 의식이다. 우리 조상들은 유교의 제사법을 따라 제사를 지내왔으니까 조상 대대로 귀신을 섬기며 살아온 셈이다. 그래서 우리 조상들이 얼마나 가난하고 불행하며 고통 속에서 살았는지는 역사가 잘 말해주고 있다. 안타깝게도 가톨릭교회는 조상신을 섬기는 제사를 허용하고 있다. 선교 초기 조선 말기에 제사를 지내지 않는 가톨릭 교인들이 끔찍한 박해에 직면하였기에, 교황에게 읍소하여 허락받아 지금도 제사를 허용하고 있다고 한다. 그러나 하나님을 섬긴다고 하는 이들이 조상신(귀신)에게 제사함으로 대표적인 우상숭배의 죄악을 범하고 있으니 기가 막힌 일이다. 귀신들은 조상 때부터 내려오는 제사를 빌미로 제사중지를 선언한 초신자들을 향한 가족들의 박해와 핍박을 부추겼다. 이는 자신들을 버리고 하나님을 섬기는 것을 극렬하게 반대하며 저항하는 징표이다. 그러므로 과거나 현재나 제사를 지내는 사람들은 하나님의 축복을 받지 못하여 불행과 고통 속에 살다가 지옥 불에 던져지는 것은 안타까운 일이다.

097 귀신들은 지식을 통해 미혹하고 자신의 의를 드러내고 학식 많은 자들에게 유혹한다. 악한 영들이 공격할 때 영적, 지적 수준을 알고 그들에게 맞게 공격한다. 앞으로 영적 전쟁이 치열하다는 것을 알고 있어라.

귀신들은 사람들의 생각을 읽고 거기에 맞추어서 공격한다. 지식이나 학식이 많은 자들은 이 지식을 활용하여 속이고 있다. 신학자들과 목사들은 성경 지식에 해박하므로 성경 지식을 활용하여 속인다. 예수님을 유혹한 사탄이 성경 말씀을 인용하여 유혹하였던 것과 마찬가지이다. 바리새인과 서기관들도 구약성경에 해박하였지만, 성경의 주인이신 예수님을 못 알아보고 박해하고 죽이려던 이유도 마찬가지이다. 성경 말씀을 깨달아 삶에 적용하여 하나님의 뜻대로 사려는 목적이 아니라, 지식을 통해 자신의 의를 드러내고 교만한 죄악을 짓게 하는 것이다. 또한 귀신들은 영적인 능력을 주어 속이기도 한다. 가짜 은사나 신비로운 현상을 주어 성령의 능력인 것처럼 속이는 것이다. 가짜 은사는 거짓 선지자들이 대표적인 예이다. 지금은 거짓 방언이나 거짓 예언, 거짓 축사, 거짓 치유 등으로 속이고 있으며, 웃으면서 뒤로 쓰러지고, 방언 찬송, 영서, 성령 춤, 손바닥에 금가루가 떨어지고 아말감이 금이빨로 변하며, 전율하는 현상이 전이되는 소위 임파테이션으로 속이고 있다. 그러나 여전히 교인 중에는 이렇게 귀신이 속이는 현상에 무지하여 아무런 성령의 열매도 없음에도 의심하지 않으니 기가 막힌 일이다.

⋯
098 귀신이 어떤 이의 속에 들어가 있으면 가정 안에 평안이 없고 기쁨이 없고 기도할 때 성령이 들어오지 못하도록 막으며, 근심과 두려움이 생긴다.

귀신이 안에 잠복해 있는 현상은 평안과 기쁨이 사라지게 한다는 것이다. 대신 걱정과 염려, 두려움과 불안, 갈등과 싸움 등의 부정적인 생각을 넣어주어, 이 생각을 받아들이면 죄를 짓게 되는 것이다. 죄를 짓게 되면 하나님이 도와주거나 인도해주실 수 없다. 하나님은 거룩하신 분이시라서 죄를 미워하시며 죄인을 가까이하실 수 없는 분이시기 때문이다. 귀신은 가정을 깨뜨려서 가족들을 뿔뿔이 흩어지게 만들어 부정적인 생각이 가득 차게 만드는 전략을 사용하고 있다. 대신 성령께서 들어오시는 증거는 내적 평안과 기쁨, 자유함이다. 그래서 마음의 상태를 살펴보면 자신이 하나님의 백성인지 귀신의 포로로 잡혀 있는지 아는 게 어렵지 않다. 귀신들은 하나님이 임재하는 기도를 철저하게 방해하고 막고 있다. 성령께서 들어오시면 평안과 기쁨을 주시기 때문에, 더는 죄를 받아들이며 죄를 짓지 않게 되기 때문이다. 그러므로 마음과 생각을 면밀하게 검토하여 귀신들이 범접하지 못하게 막아야 할 것이다.

099 염려하는 것은 악한 영들이 기도하지 못하게 하고, 공격무기로 씨를 심어놓고 악한 영들이 방해하는 것이다. 그리고 자기의 양식으로 삼고 이성 없는 짐승으로 만든다. 입이 가벼운 자를 조심하고 경계하라.

귀신들이 가장 먼저 공격하는 계략은 걱정과 염려를 하게 하여 부정적인 생각을 하게 만들기에 걱정과 염려, 불안해하는 사람들은 기도할 수가 없다. 그래서 걱정과 염려, 불안과 두려움 등을 양식으로 먹게 하여서, 제대로 판단을 하지 못하게 하여 부정적인 생각의 포로로 만들고 있다. 그러므로 불안과 걱정을 넣어주는 매체나 부정적인 말을 자주 하는 사람들을 피해야 한다. TV 뉴스를 보면 대체적으로 긍정적인 보도보다 두렵고 걱정스러운 내용을 보도한다. 그 이유는 부정적인 뉴스들이 사람들의 시선과 생각을 잡아끄는 데 탁월하기 때문이다. 그래서 이런 뉴스를 자주 접하는 사람들은 당연히 부정적인 생각에 사로잡히게 되는 것이다. 그래도 공중파 뉴스는 정부 기관의 통제를 받고 있어서 증거나 근거를 제시하며 보도하지만, 유튜브 채널의 동영상으로 올리는 개인방송은 그렇지 못하다. 모든 유튜브 크리에이터들은 구독자와 조회수를 올려서 수익을 올리려고 하기 때문에, 사실적인 증거를 뒷받침하는 내용이 아니라 선동적이고 폭력적이며 선정적인 내용들을 올리고 있다. 특히 부정적인 내용으로 사람들을 두려움과 불안에 휩쓸리게 하는 선동적인 내용으로 가득 차 있다. 그러므로 이런 동영상을 자주 접하는 사람들은 귀신들의 포로가 되기에 십상이다. 언론 뉴스뿐 아니라 부정적인 말을 습관적으로 내뱉는 사람들과 가까이하면 안 된다. 이런 사람들은 세상과 정부에 대해 불평과 원망을 일삼고 사회를 부정적으로 몰아간다. 그러므로 이런 사람과 교제를 하면 부정적인 생각이 타고 들어가 귀신들의 포로가 된다는 것을 잊지 말아야 한다.

100 악한 영들은 사람의 잠재력을 파고들어 집요하게 공격한다. 이들의 수법은 다양해서 상상을 초월한다.

잠재력의 사전적인 정의는 겉으로 드러나지 않고 숨겨져 있는 힘이란 의미이다. 그렇다면 악한 영들이 겉으로 드러나지 않지만 내재되어 있는 능력을 집요하게 공격하여 자신의 하수인으로 만든다는 뜻일 것이다. 예전에 성령께서는 목회자들에게 성경공부도 시켜서 자신의 입맛에 맞는 좀비로 양육한다고 말씀하신 것과 일맥상통하는 말씀이다. 세상의 지도자들도 죄다 자신의 분야에서 탁월한 능력으로 성공하여 권력과 부를 움켜쥐지 않았는가? 말하자면 이들도 귀신들이 잠재력을 키워주며, 자신의 하수인으로 삼아 세상에서 성공하게 하여서 영향력을 끼쳐서 세상을 지배하고 있는 것이다. 그래서 성경에는 사탄의 이름이 세상의 왕인 셈이다. 그러나 이런 사실을 알고 있는 사람이 세상에 몇 명이나 될까? 두렵고 떨리는 일이다.

101 마귀들이 가정 중심의 교회를 무너뜨리려 하고 있다.

초대교회의 시작은 가정 중심의 교회에서부터였다. 박해와 핍박이 극심했던 시절이라 공개적으로 모이지 못하고 소수의 인원이 은밀하게 모였다가 조용히 흩어졌다. 바울이 선교하여 세운 교회도 가정교회부터 시작되었다. 빌립보교회는 회심한 간수장의 가정이었으며 아굴라와 브리스길라 부부도 가정에서 교회를 시작하였다. 그러나 로마 황제가 기독교인이 되고 나서는 럭셔리하고 웅장한 교회 건물에서 종교의식중심으로 바뀌었다. 교인들은 교회 건물에 와서 예배의식을 드리고 봉사를 하고 교제를 나누는 종교주의자들이 되어갔다. 그래서 그들은 교회에 와서도 하나님을 만나고 교제하는 법을 잊었다. 그런 이유는 마귀들이 가정 중심의 교회에서 교회 건물 중심의 신앙으로 변질시켰기 때문이다. 그래서 교회를 열심히 다니는 교인들은 가정에서 하나님을 만나지 못한다. 교회에서 요구하는 각종 희생적인 신앙 행위를 하느라 바빠서 가족들과 대화도 없고 가정생활에 충실하지 못한다. 종교 생활을 하느라고 정작 기도와 말씀으로 하나님과 깊고 친밀하게 교제하지 못하며, 자녀들에게 하나님을 만나는 법을 가르쳐주지도 못하는 기이한 일이 생긴 것이다. 가정 중심의 교회였던 초대교회는 놀라운 속도로 복음을 전하며 수많은 사람이 하나님의 백성이 되었는데, 작금의 교회 건물 중심의 교회는 쇠락하고 무너지고 있으니 기가 막힌 일이다. 이는 마귀들이 가정 중심의 교회를 무너뜨리고 있는 이유이다.

102 분이 조절이 안 되는 자들은 악한 영이 조종하는 자들이다.

분이 조절이 안 되는 사람들을 소위 분노 조절 장애라고 일컫고 있다. 말하자면 분노가 일어나면 통제가 되지 않아서 마구 사람들을 때리고 집기를 내던지며 행패를 부리게 된다. 그래서 누가 말리기라도 하면 더더욱 분노를 폭발한다. 통제가 안 되는 분노는 무슨 이유일까? 그것은 귀신들이 머리를 타고 앉아 생각을 조종하고 있기 때문이다. 분노는 하나님이 싫어하는 죄악이다. 즉 마귀는 사람들에게 죄의 덫을 놓고 부추겨서 죄를 짓게 하는 놈들이다. 그래서 성경은 이들의 이름이 시험하는 영이라고 부르고 있다. 시험이란 믿음의 유무를 재는 테스트이다. 하나님은 마귀에게 시험을 허락하셔서 지켜보고 계신다. 시험이라는 헬라어는 페이라조인데, 시험이라는 의미 말고도 유혹이라는 뜻을 동시에 갖고 있다. 마귀의 입장에서 본다면 죄를 부추겨서 유혹한다는 뜻이다. 그러므로 분노 조절 장애를 가진 사람들이 주변에 있다면 이들에게 휘말리지 말고 피하는 것이 상책이다. 그러나 피할 수 없는 가족이나 직장상사라면, 이들을 상대할 수 있는 성령의 능력을 길러야 불행한 삶에서 벗어날 수 있다. 귀신들은 사람들의 생각을 조종하여 서로 미워하고 싸우게 하고 분열시키는 데 능숙하기 때문이다.

103 악한 영들은 기도의 모든 동작을 방해하고 광적인 예배만을 추구하게 한다.

대부분의 교인은 하루에 10분도 기도하지 않으며 대부분의 목사도 하루에 30분도 기도하지 않는다. 기도하는 소수의 교인조차 쉬지 않고 하나님의 임재와 통치를 간구하며 전심으로 성령의 내주를 구하고 찬양하고 감사하며 기뻐하고 자신의 죄를 회개하며 하나님의 뜻을 구하는 기도가 아니라, 세속적인 욕심을 채우고 삶의 문제를 해결해달라고 읍소하고 있을 뿐이다. 그러나 현대교회에서 가장 열정적으로 하는 것이 있다. 그게 바로 예배의식을 드리는 것이다. 그래서 일주일에도 열 번 가까운 예배를 드리며, 심지어는 새벽기도회에도 예배가 중심이다. 최근에는 대형교회를 중심으로 콘서트에 가까운 예배의식을 추구하고 있다. 아방궁 같이 럭셔리하게 꾸며진 예배당에서 잘 짜여진 예배를 연출하고, 귀가 찢어질 듯한 스피커에서 흘러나오는 CCM에 맞추어 드럼과 키보드 소리가 난무하는, 그야말로 감성을 즐기는 인본적인 예배의식이 극에 다다른 느낌이다. 이들은 하나님을 경배하고 예배하는 것이 아니라 자신들의 감성을 즐기고 있으니, 경배하는 대상이 하나님인가 아니면 자신인가? 이는 귀신들이 광적인 예배에 몰두하게 하여 하나님이 아니라 사람들을 즐겁게 하는 예배로 변질시켰기 때문이다. 그래서 가사를 조용하게 생각하게 하는 찬송가가 아니라, 곡조가 현란하고 기교가 난무하는 CCM이 예배의식을 주도하며 찬란한 조명이 분위기를 띄우는 콘서트장이 되어버렸으니 통탄할 노릇이다.

104 옛사람은 마귀들이 좋아하는 사람이다.

옛사람은 옛날에 살았던 조상들을 가리키지만 성경에서는 성령의 사람으로 거듭나기 전 마음과 육체가 원하는 대로 살았던 사람을 말하고 있다. 옛사람의 특징은 지극히 자기중심적이다. 탐욕, 교만, 분노, 시기, 질투를 스스럼없이 드러내고, 육체의 쾌락을 좇아 음란을 즐기고 세상의 즐거움을 추구하며 사는 사람이다. 아담의 범죄 이후 인류에게 죄가 들어왔으며, 사람들은 태어날 때부터 죄를 좋아하고 추구하는 본성을 가지고 세상에 나왔기에 육체와 마음이 원하는 삶을 추구하며 살아가고 있는 이유이다. 그러나 성경은 육체의 욕심을 따라 지내며 육체와 마음이 원하는 것을 하는 본질상 진노의 자녀라고 선포하고 있다.(엡2:3) 진노의 자녀가 바로 마귀의 자녀가 아닌가? 본질이라는 단어는 헬라어로 '퓨세이'인데 이는 본성(nature)를 말하고 있다. 즉 태어날 때부터 자기중심적으로, 육체의 탐욕과 쾌락을 추구하는 본성을 따르는 게 인간이라고 말이다. 이러한 본성은 하나님이 싫어하는 죄이며 마귀들이 좋아하는 사람인 셈이다.

105 악한 영들은 자신들의 기억 장치 안에 넣어놓고, 하루에도 수많은 귀신을 풀어놓고 다니면서 무신론자한테는 하나님이 없다고 한다.

이 말씀은 이해하기 어렵다. 귀신들이 자신들의 기억장치 안에, 사람들이 아는 사건이나 경험을 넣어놓고 다니면서 사람들을 죄로 유혹하고 있다고 말이다. 그래서 용하다는 점쟁이를 찾아가면 자신의 과거 사쯤은 줄줄이 읊어 대지 않은가? 필자도 그런 경험을 하였다. 필자가 삼십 대 초반의 나이에 천사로 속이는 귀신이 찾아왔을 때, 친척의 입을 통해 말하면서 자신을 가브리엘 천사라고 소개했다. 그러나 누가 그 말을 믿겠는가? 그러자 그 귀신은 필자의 생각을 줄줄이 말하면서, 자신의 능력을 드러내며 필자가 속지 않을 수 없게 만들었다. 그 뒤에 이십여 년이 흐르고 나서 성령으로부터 귀신을 쫓아내는 훈련을 받을 때의 일이다. 지인으로부터 정신 분열 증세를 일으켜서 헛소리하는 중년 남자의 문제를 해결해달라는 부탁을 받고 찾아갔다. 그는 정상적으로 대화가 불가능했다. 그러나 축출 기도를 시작하자 성경 구절을 줄줄이 읊어대는 게 아닌가? 그래서 그분이 다니던 교회의 교인들은 그가 성령으로부터 지혜의 은사를 받았다고 했다. 그러나 정신분열 환자가 지혜의 은사를 받았다는 게 웃기는 얘기였다. 어쨌든 기도할 때 기괴한 현상을 많이 일으켰지만, 이에 아랑곳하지 않고 축출 기도를 했던 기억이 난다. 하루에 30여 분씩 무려 두 달 가까이 기도하여서 정신이 정상적으로 돌아왔다. 그러나 그동안 읊어댔던 성경을 전혀 기억하지 못했다. 그제야 비로소 그에게 들어간 귀신이 자신의 기억장치에 넣어두었던 성경 지식을 그의 입을 통해 말했던 것이라는 것을 깨달았다. 이처럼 귀신들의 능력은 탁월하며 교묘하기 짝이 없다. 그러므로 성령이 주시는 분별력과 기도와 말씀의 잣대로 이들의 속임을 알아채지 못한다면, 이들에게 꼼짝없이 속아 살다가 지옥의 불길에 던져질 수밖에 없는 운명임을 인정해야 할 것이다.

106 악한 영들은 믿는 자와 믿지 않는 자, 지혜로운 자와 지혜 없는 자를 다루고 있다.

귀신들은 사람들이 지닌 지식과 지혜의 정도, 경험이나 믿음의 유무 등에 맞추어서 속이는 공격을 하고 있다. 말하자면 이들이 굳게 잡고 있는 것들을 교묘하게 속여 넣어주기 때문에 꼼짝없이 당할 수밖에 없다. 예를 들어 성경 지식에 해박한 신학자나 목사들에게는 성경 지식을 넣어 속이며, 희생적인 신앙 행위를 많이 한 교인들에게는 그동안의 종교 행위를 자기 의와 자기만족으로 삼는 생각을 넣어주어 공격하며, 은사를 추구하며 좋아하는 교인에게는 거짓 은사로 속이기 일쑤이다. 돈을 좋아하고 세상적인 성공이나 출세를 꿈꾸는 사람들은 세속적인 욕망을 넣어주어 추구하게 만들어서 속이고 있다. 그래서 교회 안에 번영신학과 기복신앙이 판치게 된 이유이다. 목사들은 대형교회의 담임목사가 되는 목회 성공을 위해서, 교인들은 세상에서 부자가 되고 성공하려는 자기성취를 위해서 비성경적인 번영신학과 기복신앙을 맹목적으로 따르게 되었던 것이다. 그러므로 자기 부인의 훈련이 되지 않는 교인들은 속이는 영에 속수무책으로 당할 수밖에 없음을 알아야 할 것이다.

107 은혜받은 자들이 분별이 안 되면 평생 귀신들에게 속고 산다.

크리스천이라면 누구나 하나님으로부터 끊임없는 은혜를 소망하며 신앙생활을 하고 있다. 사람들이 은혜로 여기는 것은 여러

가지가 있다. 설교를 들으면서 위로와 격려, 축복이나 깨달음을 얻으면 은혜를 받았다고 기뻐하며, 기도 응답을 받거나 삶의 문제가 해결되어도 은혜를 받았다며 즐거워한다. 각종 은사나 성령의 능력을 받았다면 두말할 나위가 없을 것이다. 그러나 문제는 감정이나 느낌, 각종 기적, 은사 등이 성령만 주시는 것은 아니라는 것이다. 귀신들도 정교하게 만든 가짜 응답이나 거짓 기적이나 은사를 줄 수도 있다. 특히 성령으로부터 진짜 은혜를 받은 직후라면, 계속해서 비슷한 사건이 벌어지면 당연히 성령에게서 왔다는 것을 의심하지 않을 것이다. 이 점은 귀신들이 잘 알고 있다. 그래서 은혜를 받은 사람에게 속여서 가짜 은혜를 넣어주어 죄에 걸려 넘어지게 하는 것이다. 귀신의 소리를 듣는다든가 귀신이 주는 능력이나 은사, 기적을 받아들이게 되면 하나님은 즉시 손을 거두신다. 그러나 기적과 이적이 지속적으로 나타나기 때문에 의심하지 않고 받아들이다가 나중에 되어서 잘못된 것임을 눈치채지만, 수많은 사람이 열광하고 추종하기 때문에 자신의 잘못이나 과오를 고백하고 회개하기 힘들어진다. 그래서 성령으로 시작했다가 육체로 마친다는 말씀이 실재가 되는 것이다. 그러므로 희생적인 기도 끝에 놀라운 기적과 응답이 내려온다고 해도 이를 잘 분별해서 속아 넘어가지 말아야 한다. 대부분의 사람이 처음에는 성령의 능력과 도우심을 찬양하고 기뻐하지만, 나중에 변질이 되어 자기 의를 삼고 자기 자랑에 빠지게 되어 패망과 멸망의 길에 들어서는 것이다. 한때 잘 나갔던 성령 사역자들과 목회자들이 이 길을 걸어갔음은 두말할 나위가 없다. 그러므로 날마다 기도와 말씀으로 분별하는 것은 물론, 성령으로부터 분별의 은사를 받아서 하나님의 응답인지 귀신의 역사인지 날카롭게 분별해야 할 것이다.

108 영이 맑은 사람은 악한 영이 가지고 놀 수 있으므로 각별히 조심해서 안전하게 하라.

영이 맑은 사람이 누구인가? 어린아이를 생각하면 쉽게 이해가 될 것이다. 순수해서 남의 말을 잘 믿고 따른다. 그러나 이들이 분별력이 없기 때문에 사고를 당하는 이유도 여기에 있다. 특히 크리스천이라면 목회자나 신학교 교수라는 직함을 드러내며 말하거나, 금식기도 등의 희생적인 기도행위를 많이 한 사람이라면 이들의 말을 잘 받아들인다. 특히 자신이 다니는 교회의 담임목사가 한 말이라면 두말할 것이 없을 것이다. 그러나 악한 영이 누구인가? 악한 영인 귀신의 별명이 미혹의 영이다. 속이는 것을 공격 계략으로 삼아, 죄의 덫을 놓고 걸려들게 만들어서 죄인으로 만드는 사악하고 잔인한 놈들이다. 그러므로 분별력이 없는 순수한 영의 소유자라면, 특히 미혹의 영이 지배하고 조종하는 사람들의 먹잇감이 될 확률이 높다. 그래서 평소에 기도와 말씀으로 분별력을 높여야 할 것이며, 성령과 깊고 친밀한 교제를 나누는 영적 습관을 통해 성령께서 천사들을 보내어서 지켜주시는 사람이 되어야 할 것이다.

109 귀신의 정체는 사람의 마음에 있다.

필자는 귀신을 쫓아내는 사역을 하면서, 귀신이 입을 통해 음성으로 말하거나 영음으로 말을 하는 경우를 수도 없이 경험하였다. 귀신들이 말하는 내용은 다양하지만, 귀신이 말하는 것에 화들짝 놀라서 "네가 누구냐?"라고 얼떨결에 물어보면, 귀신들의 대답이 기이하기 짝이 없다. 그들은 "내가 바로 너이다."라고 대답하곤 하기 때문이다. 그렇다면 귀신들의 말이 거짓일까 진짜일까? 반은 맞고 반은 틀리다. 귀신들은 사람들의 뇌를 타고 앉아 자기 생각을 속여서 넣어주기 때문에, 대부분의 사람이 귀신이 속여서 넣어준 생각을 자기 생각인 양 착각하고 속아서 살아가고 있다. 그래서 귀신들은 사람들을 자신의 아바타로 여기는 것이 이상한 일이 아니다. 그래서 귀신들은 자신들의 정체가 드러나는 것을 극도로 두려워한다. 성경은 육체와 마음이 원하는 것을 하여 본질상 진노의 자녀라고 말하고 있다. (엡2:3) '본질'이라는 단어는 헬라어로 '퓨세이'인데 본성이라는 말을 번역한 것이다. 즉 육체가 원하는 생각이나 마음이 원하는 대로 살아가는 본성이 바로 진노의 자녀인 귀신의 포로가 되었다고 선포하고 있다. 그러므로 성경에서 모든 사람이 죄인이라고 선포하는 것과 같은 맥락이다. 그러므로 육체와 마음이 원하는 것을 하는 사람은 귀신의 자녀이며, 자기를 부인하고 죄와 싸우며 하나님의 뜻을 좇아서 사는 사람들이 바로 하나님의 자녀인 셈이다.

110 귀신은 사람의 마음을 움직이는 힘이 있다.

귀신은 사람의 마음을 부추겨서 자신이 원하는 대로 행동하게 만드는 놀라운 능력이 있다. 귀신이 부추기는 마음과 생각이 바로 하나님이 싫어하시는 죄이다. 그러므로 귀신들이 죄의 덫을 놓고 마음을 부추겨서 죄인이 되게 하는 것이 그들의 계략이다. 사람은 태어날 때부터 죄로 오염된 자아를 가지고 태어난다. 그래서 하나님의 뜻이 아니라 자기 마음대로 육체의 욕심대로 살아가고자 하는 본성이 있다. 귀신들은 그 본성을 읽고 본성대로 살아가도록 생각을 넣어주고 마음을 부추겨서 말을 하고 행동을 하도록 하는 것이다. 귀신들이 부추기는 생각이 육체와 마음이 원하는 것이라면, 이들의 부추김에 넘어가지 않을 사람이 누가 있겠는가? 그래서 이들은 사람을 자기 마음대로 조종하는 놀라운 능력을 가지게 된 셈이다.

111 귀신은 사람의 생각으로 일을 하게 만든다.

마귀는 가룟 유다에게 예수님을 팔려는 생각을 집어넣었고, 가룟 유다는 마귀의 생각을 자신의 생각으로 속아서 예수님을 은 30냥에 팔게 된다. 아나니아와 삽비라 부부도 재산을 팔아 얻는 많은 돈을 보고 아까운 생각이 들어 일부를 감추게 된 생각도 마귀가 넣어준 계략이었으며, 베드로가 행한 놀라운 성령의 능력을 보고 돈을 주고 팔라고 제안한 마술사 시몬의 생각도 귀신들이 넣어준 생각이었다. 그러나 이들이 귀신의 존재와 계략에 대해 무지하였으므로 자기 생각으로 여겨 실행에 옮겼다. 귀신들이 놀라운 능력으로 세상 사람들을 지배하고 통치하는 원인은, 사람들이 원하는 세속적인 욕망과 육체의 쾌락을 부추기는 생각을 넣어주기 때문이다. 성경은 아담의 죄악으로 인해 그의 후예인 인류에게 죄가 들어왔다고 선포하고 있다. 그래서 성경은 만물보다 부패한 것이 사람의 마음이라고 말하는 이유이다. (렘17:9) 그래서 예수님은 제자가 되는 첫째 조건이 바로 자기 부인이라고 말씀하셨다. 사람의 생각은 죄로 오염이 된 자아로 인해, 하나님의 뜻에 순종할 생각도 없으며 순종할 능력도 없기 때문이다. 세상은 사람이 자기의 주인이며, 왕이라고 부추기는 것도 이와 다르지 않다. 이러한 인본주의 사상이 바로 마귀의 교묘한 부추김이지만, 주인이자 왕이라고 높여주는 데 싫어할 사람이 누가 있겠는가?

112 그들의 마음이 하나님께 있지 않고 사람의 마음에 있게 한다.

하나님을 모르는 세상 사람은 말할 것도 없고, 하나님을 주인으로 모시고 예수님의 자녀라고 고백한 크리스천들도, 입으로는 하나님을 주인이라며 주여 주여 하지만 마음을 지배하는 생각은 하나님을 섬기는 것이 아니라 자신을 섬기며 주인 노릇을 하는 이들이 대부분이다. 이를 아는 것은 어렵지 않다. 하루 종일 무슨 생각을 하고 살아가는지를 촘촘하게 살펴보라. 평일에 하나님을 생각하는 시간이 얼마나 되는가? 아마 까마득히 잊고 사는 이들이 대부분 아닌가? 주일이 되어 교회에 와서도 예배를 드리며 교회 봉사를 하는 이유도, 예수님이 자신의 죄악을 대신해서 십자가에서 고통스런 죽음으로 구원의 길을 열어주신 사랑에 감사하고 감격해서인가? 그렇다면 기도하는 내용을 살펴보라. 하나님의 이름을 높이고 감사하고 찬양하며 경배하며 죄를 고백하고 회개하며 하나님의 뜻을 구하고 있는가? 솔직히 말해서 교회에 와서도 하나님을 찾고 부르는 기도를 하는 이들도 거의 없고, 기도하는 소수의 교인들도 자신의 소원을 이루고 삶의 문제를 해결하는 읍소가 대부분이다. 말하자면 교인들의 마음에도 하나님의 뜻은 없고, 오직 자신이 원하는 삶을 위해서 하나님의 능하신 손길이 필요해서인 셈이다. 이는 귀신들이 교인들을 속여서 하나님의 뜻이 아니라 자신이 원하는 생각을 넣어주는 데 성공했기 때문이다. 그러나 이를 아는 목사들과 교인들이 몇 명이나 되는가? 성령께서는 대부분의 목사의 머리에 미혹의 영이 타고 앉아 자기 생각을 넣어주고 있고, 대부분의 교인이 미혹의 영에 지배당하고 있다고 말씀하셨다. 두렵고 떨리는 일이다.

113 사람의 뜻과 하나님의 뜻을 분별해야 귀신의 정체를 알 수 있다.

예수께서 돌이키사 제자들을 보시며 베드로를 꾸짖어 이르시되 사탄아 내 뒤로 물러가라 네가 하나님의 일을 생각하지 아니하고 도리어 사람의 일을 생각하는도다 하시고(막8:33)

위의 구절은 예수님께서 십자가에 못 박히시고 삼 일만에 부활하실 것을 제자들에게 말씀하실 때, 베드로는 그 말을 듣고 아연실색을 했다. 자신의 전부를 바쳐 따르던 스승이 죽는다고 생각하니 억장이 무너졌다. 그래서 예수님께 절대로 그렇게 못 한다고 항변을 할 때, 뜬금없이 예수님은 베드로가 아니라 사탄을 쫓아내시고 있으니 어안이 벙벙했을 것이다. 예수님은 사탄의 정체와 공격에 대해 훤히 꿰뚫고 계셨지만 베드로가 이를 알 리가 없었기에 말이다. 이런 상황은 그때나 지금이나 변함없이 똑같다.

사탄은 사람의 뜻을 좇게 하므로 죄를 짓게 만들기에 말이다. 그래서 세상 사람들은 말할 것도 없이, 교회 마당을 밟고 있는 교인들도 하나님의 뜻에는 관심조차 없고 오직 자신의 소원을 이루기 위해 희생적인 신앙 행위를 하는 중이다. 그래서 현대교회는 귀신의 정체도 모르고 이들을 좇아낼 영적 능력도 없는 이유이다. 귀신의 정체와 공격을 알아채려면, 하나님의 뜻인지 사람의 생각인지 분별해야 하기 때문이다. 그러나 안타깝게도 교회에서 귀신 이야기조차 들어볼 수 없는 게 우리가 마주한 차가운 현실이다.

114 귀신들은 돈에 집착하는 자들은 돈으로 막고, 은사에 집착하는 자들은 은사로 유혹한다.

귀신들의 목적은 죄의 덫을 놓고 걸려들게 하여 죄인으로 만들어서 하나님으로부터 분리시켜놓고 생명과 영혼을 사냥하고 있다. 그들의 공격계략은 철저하게 맞춤형이다. 그래서 돈을 좋아하는 세속적이고 탐욕적인 사람들에게는 돈을 미끼로 쓰고 있다. 그래서 돈을 좋아하는 교인들에게 사용하는 덫이 바로 기복신앙과 번영신학이다. 기복신앙은 무당의 전유물이었지만 지금은 교회에서 판을 치고 있다. 번영신학 역시 목회 성공을 바라는 목사들에게 맞춤형으로 공격하는 귀신들의 계략이다. 이 둘은 전혀 성경적이 아니며, 하나님보다 부와 명예를 앞세우는 맘몬의 영을 섬기는 우상숭배의 패역무도한 죄악이기 때문이다. 또한 은사를 좋아하는 교인들에게는 거짓 은사를 주어 속이고 있다. 구약성경에는 거짓 예언을 넣어주어 속인다고 기록되어 있으며, 현대교회는 여기에다 거짓 방언, 내적치유 등의 거짓 은사를 주어 속이고 있다. 덧붙여서 성경에도 없는 신비한 현상을 성령이 주시는 은사라고 속이는 경우도 허다하다. 방언 찬송, 성령 춤, 영서, 손바닥에 금가루가 떨어지고 웃으면서 뒤로 넘어지는 현상 등이다. 이렇게 귀신은 사람들이 선호하고 얻기 원하는 것들을 미끼로 쓰며 죄에 걸려들어 만들고 있다. 그러나 말씀과 기도로 이들을 분별하려는 생각조차 없으며, 성령이 주시는 분별의 은사가 없기에 속수무책으로 당하고 있으니 안타까운 일이다.

··· 115 목적이 거룩하지 않으면 악한 영이 틈탄다.

예수님이 공생애를 시작하기 전에 찾아온 사탄이, 유혹하려 내

놓은 제안 중에 성경 말씀이 들어있다는 것은 뜨악한 일이다. 말하자면 사탄도 성경 말씀을 앞세워서 속이는 계략을 잘 사용하고 있다는 증거이다. 그렇다면 신학자나 목사, 장로나 교인들이 성경 말씀을 앞세워서 명령하거나 주장하더라도 죄다 하나님의 뜻이라고 받아들이지 말라는 경고가 아닌가? 사탄은 사람의 머리를 타고 앉아 자기 생각을 넣어주어 교묘하게 속이는 데 천재이기 때문이다. 그러므로 그들의 말이 아니라 속내나 목적, 동기 등을 날카롭게 분별해야 한다. 그러나 사람의 속내를 알아채는 것은 실로 어려운 일이다. 이는 자신의 경우도 마찬가지이다. 하나님께서 시켰다는 뜻인 사역은 물론, 교회 봉사나 십일조를 비롯한 각종 헌금 등의 희생적인 신앙 행위를 하는 목적이 과연 하나님의 영광을 돌리고 찬양하며 감사하기 위한 속내나 목적인지 날카롭게 분별해야 한다. 그러나 수많은 교인이 십일조나 헌금을 드리면서 하나님 펀드에 투자하여 부자가 되려는 속내는 감추지 않고 있으며, 교회 봉사 등의 희생적인 신앙 행위의 대가로 세속적인 축복을 얻으며 자기 의를 드러내고 자기만족으로 삼는 이들도 허다하다. 이는 악한 영이 틈타는 것을 알아채지 못한 결과이다. 그래서 평생 헌신적으로 교회에서 봉사하고 막대한 헌금을 드렸지만, 하나님의 보호하심과 축복을 경험하지 못하고 고단하고 팍팍하게 살다가 이 땅을 떠나간 교인들이 부지기수이다. 더

더욱 뜨악한 것은, 그들이 들어간 곳이 천국일 리가 없다는 것이다. 두렵고 떨리는 일이다.

116 가족끼리 대화가 없으면 악한 영이 틈탄다.

예전 가정의 모습은 가족들이 TV만 쳐다보고 있었지만, 그래도 모여 앉기라도 했지만 지금은 아예 각자의 방에 들어가서 컴퓨터나 스마트폰을 쳐다보면서 지내기 일쑤이다. 대화가 없다 보니 가족들이 어떻게 살아가는지 들여다볼 수가 없다. 그러다가 자녀들은 부모에게 값비싼 브랜드의 옷이나 신발 등을 사달라고 요구할 때나 겨우 대화를 꺼낸다. 그러니 부모의 입에서 나온 말이 곱겠는가? 평소에 공부는 안 한다는 질책이 튀어나오면 자녀들은 문을 쾅 닫고 제 방에 들어가서 문을 잠근다. 이렇게 갈등이 쌓여 불화가 심각해지면서 미움과 짜증, 분노와 싸움으로 번지게 되는 것이다. 부부간에도 다르지 않다. 서로를 이해하는 대화가 없다가, 서로에게 요구하는 사항만 늘어가다 보면, 자연스레 부부싸움이 이어지고 이혼하면서 가정이 깨지고 가족들이 뿔뿔이 헤어지게 되는 불행을 낳는다. 이처럼 가정이 깨지는 원인도

가족들의 대화가 없는 데서 시작되는 것이며, 이는 악한 영이 틈을 타는 기회이기도 하다. 그러므로 악한 영이 틈타지 않도록 가족끼리 늘 대화가 잘 소통될 수 있도록 기회를 많이 만들어야 하고, 가장은 자녀들의 소리를 잘 듣는 귀를 가져야 하겠고, 남편은 아내의 말에 귀를 기울이는 습관이 필요하다.

117 사춘기의 아이들이 기도하지 않으면 악한 영이 틈탄다.

자녀들의 자아가 형성되는 시기가 바로 사춘기이다. 어린 자녀들은 부모의 말에 순종하지 않으면 혼이 나기 때문에 잘 듣게 되지만, 사춘기의 자녀들은 육체적으로 성장이 되어 완력으로 다루기도 쉽지 않고 자기의 주장이 강해지기 때문에 옥박지른다고 해도 별 효과가 없다. 이는 귀신들이 자녀들의 머리를 타고 앉아 속이는 공격을 잘 받아들이기 때문이다. 그래서 부모나 교사의 지도에 순종하기보다, 자신이 선호하는 주장을 굽히려 들지 않는다. 심리학자들은 사춘기의 청소년기를 어른과 어린이의 주변에 있다고 하여 주변인이라고 부르거나, 감정의 기복이 심하고 폭력적인 언행을 일삼기도 하여 질풍노도의 시기라고 일컫기도 한다.

그러나 영적 세계와 영적 존재를 모르기에 눈으로 보이는 현상만 보고 그렇게 말하는 것이다. 사춘기가 되면 귀신의 소리에 속아서 부모의 훈육에 아랑곳하지 않고 자신의 주장을 내세우게 되므로 사춘기의 아이들이 기도하여서 성령의 인도하심과 보호하심을 받지 않는다면 귀신들의 노리개가 되어 매사에 부정적이고 삐딱하며 기성세대에 대한 반항심이 많아지기에 십상이다.

118 무당들이 하는 것은 귀신들을 달래는 것이다. 내적치유도 이와 유사하다.

예수님과 사도들은 귀신을 쫓아내면서 귀신들이 일으킨 질병을 치유하고 장애를 회복하였지만, 무당들은 귀신들이 좋아하는 악기를 두드리며 춤을 추고, 음식을 차려놓고 절을 하며 굿을 하면서 귀신들을 달래면서 병을 고쳐달라고 읍소하고 있다. 그렇다면 교회 안에 깊숙하게 들어온 내적치유는 무엇인가? 성경은 예수 그리스도의 보혈의 능력으로 죄가 용서함을 받아서 죄로 인해 생긴 질병이 치유된다고 선포하고 있다. 그렇다면 내적치유는 오직 십자가의 보혈에 의지해서 치유하는 방식인가? 아니다. 내적

치유는 심리적인 현상을 이용하며 감정과 느낌을 중시한다. 그래서 자신이 억울하게 생각하며 상처받았던 기억들을 찾아내어 편지를 써서 불에 태워버리고 바가지를 깨뜨리며 타이어를 두드려서 카타르시스를 느끼게 한다. 덧붙여서 잔잔한 음악을 깔아서 분위기를 고조시키거나, 드럼이나 키보드를 이용한 열정적인 찬양으로 감정을 격앙시키고 열광적인 분위기를 이용하여 집단최면을 일으키고 있다. 이는 귀신들을 달래는 굿과 비슷하다. 그러나 영적 분별력이 없어서 교회 지도자들이 이렇게 귀신들을 교회로 불러들이고 있으니 기가 막히는 일이다.

119 사탄의 지도자들은 범사에 거룩함이 없다.

기록되었으되 내가 거룩하니 너희도 거룩할지어다 하셨느니라
(벧전1:16)

인간은 하나님을 닮아서 창조된 피조물이다. 겉모습과 내면의 세계, 성품도 하나님을 닮게 만드셨다. 그러나 아담의 타락 이후에 죄로 오염된 인간은 거룩함을 잃어버렸다. 그래서 하나님의 거

룩함을 되찾으려고 노력하는 이들이 바로 하나님의 백성일 것이다. 하나님처럼 거룩한 성품과 착한 행실을 지닌 이들이 깨끗한 세마포를 입은 천국의 백성이 될 것이다. 그렇다면 교회의 지도자를 비롯해서, 자타가 하나님의 종이라고 부르는 이들은 하나님의 거룩한 성품을 닮아야 하는 것이 당연한 일이다. 그러나 이를 분별하는 것은 오로지 자신의 몫이다. 안타깝게도, 현대 교회 지도자들의 상당수가 음란, 횡령, 탐욕, 거짓말이 드러나서 곤욕을 치르고 있고, 목사들이 목이 뻣뻣한 교만이 몸에 배어있는 이들도 허다하다. 이는 거룩함이 없거나 잃어버린 이유이다. 그러므로 그들이 교회 안에 주어진 직위나 직분, 겉으로 포장된 말과 행동이 아니라, 거룩한 성품을 유지하고 있는지 날카롭게 살펴보아 참된 하나님의 종인지 아닌지를 날카롭게 분별해야 할 것이다.

120 하나님의 생각으로 가득 차야 악한 영이 틈타지 않는다.

아무 것도 염려하지 말고 다만 모든 일에 기도와 간구로, 너희 구할 것을 감사함으로 하나님께 아뢰라 그리하면 모든 지각에 뛰어난 하나님의 평강이 그리스도 예수 안에서 너희 마음과 생각을 지키시리라 (빌4:6,7)

귀신들은 지치지도 않으며 잠도 자지 않는다. 그래서 24시간 머리를 타고 앉아 자기 생각을 넣어주는 공격을 집요하게 한다. 특히 잠을 자는 시간에는 기도할 수 없으므로 잠자고 있는 동안에 극렬하게 공격한다. 그래서 악몽을 꾸고, 심하면 가위눌리며 심한 잠꼬대를 하는 것은 귀신들의 공격이 심화되기 때문이다. 그래서 잠을 자고 나서 기분이 나쁘거나 뒤숭숭한 이유가 바로 귀신들이 부정적인 생각들을 넣어주어서 그렇다. 그러므로 깨자마자 즉시 예수피로 생각을 쫓아내는 축출기도를 통해 마음의 평정을 회복하여야 한다. 그러나 영적 세계와 영적 존재에 대한 깨달음이 없으며, 특히 악한 영의 정체와 공격에 무지한 사람들은 이들에게 속수무책으로 당하게 마련이다. 어쨌든 24시간 생각으로 공격하는 귀신들의 계략을 막는 유일한 해결책은, 하나님의 생각으로 가득 차서 이들이 공격하지 못하도록 방어막을 치는 것이다.

121 동성에게 끌리는 자는 지옥 간다.

성경은 동성애자는 돌로 쳐 죽이라고 명령하고 있지만, 현대사회는 동성애라는 말을 성소수자라는 교묘한 단어로 바꾸어서,

그들에게도 인권이 있으며 결혼 상대를 선택할 권리가 있다고 주장하고 있다. 그 결과 정부에서는 이들의 견해를 받아들여 동성 간의 결혼을 합법화하고, 교회에서도 이들의 주례를 거부하지 말라고 경고하고 있다. 안타깝게도, 몇몇 미국과 유럽의 교회들이 정부의 압력에 굴복해서 동성애를 수용하고 미화시키고 있다. 우리나라도 포괄적 차별금지법이 여러 번 발의되어 이를 둘러싼 논쟁이 뜨겁지만, 가까운 시일 내에 통과될 공산이 크다. 왜냐면 유엔에서 압력을 넣고 있으며, 이미 선진국들의 대부분이 이를 시행하고 있기 때문이다. 물론 교계에서는 격렬하게 반대하고 있기는 하지만, 기독교를 향한 민심이 싸늘하며 민심의 향방이 이를 수용하는 쪽으로 가고 있기 때문이다. 그러나 하나님의 뜻은 명백하다. 동성에게 이끌리는 것은 귀신의 소리를 듣고 하나님이 창조하신 목적을 거스르는 것이 분명하기 때문이다. 영성학교에서도 귀신이 떠들어대는 양성애자가 찾아오기도 하였으며, 귀신이 잠복하여서 귀신의 소리를 듣는 자매가 동성애에 끌린 적이 있다고 고백하기도 하였다. 동성에게 끌리거나 혹은 성적 죄악을 짓거나 간에, 동성애는 하나님의 창조법칙을 거역하는 극악무도한 죄악임이 틀림없다.

122 마지막 때에 사람의 미혹을 받는 일들이 많다.

하나님은 자신의 종을 시켜서 영혼 구원 사역을 이루시는 것처럼, 귀신들도 사람들의 머리를 타고 앉아 자기 생각을 넣어주어 속이는 공격계략을 구사하고 있다. 그러므로 귀신의 소리를 듣는 사람들이 귀신들의 좀비가 된다. 그렇다면 미혹의 영도 자신의 소리를 듣는 사람을 통해 세상을 미혹시키고 사람들을 미혹시킬 것이 분명하다. 특히 말세가 가까워지면서 미혹의 영은 자신의 때가 얼마 남지 않았다는 것을 잘 알고 더욱 날뛰면서 사납게 사람들을 미혹시키고 있다. 그렇다면 미혹의 영의 사주를 받는 좀비들을 분별하지 않는다면 속수무책으로 당할 수밖에 없을 것이다. 그러므로 사람들을 조심하고 그들의 주장을 날카롭게 분별해야 할 것이다. 미혹의 영은 비성경적인 말로 사람들을 미혹시키지 않는다. 사람들이 좋아하고 선호하는 생각을 넣어주어 속이는 데 선수이다. 특히 이성적이고 합리적인 사고방식으로 학습되어온 현대인들에게는 상식적이고 인본적인 가르침으로 성경을 교묘하게 비틀어서 가르치고, 희생적인 신앙 행위를 많이 해온 교인들에게는 자기 의와 자기만족으로 속이며, 세속적인 교인들은 세상의 부와 명예, 성공을 추구하도록 미혹시키고, 은사를 좋아하는 교인들에게는 가짜 은사와 신비적인 현상으로 속이고 있다.

말하자면 자신들이 추구하고 선호하는 것들이기 때문에 속절없이 속아 넘어갈 수밖에 없는 상황이다. 그래서 성령과 깊고 친밀한 교제의 기도와 말씀을 통해, 성령께서 주시는 분별의 은사와 능력을 받아야 한다.

123 악한 영들은 순종하지 않는 자를 공격한다. 하나님께 순종하는 자는 사람에게 순종한다.

악한 영들이 공격하는 자들은 누구인가? 바로 하나님의 계명에 순종하지 않는 교인들이다. 성경은 하나님을 사랑하는 자들이 바로 하나님의 계명에 순종하는 사람이라고 명백하게 밝혔기 때문이다. 또한 하나님이 기뻐하는 믿음 역시, 자기 확신의 믿음이나 교단 신학자들이 자의적으로 해석한 믿음의 행위가 아니라 하나님의 명령에 절대 순종하는 것이다. 이를 잘 아는 악한 영들은 순종하기를 꺼리는 교인들에게 집요하게 달라붙어 자신들의 생각을 넣어주어 불순종하도록 부추기고 있다. 교인들은 교회의 관행으로 내려오는 희생적인 신앙 행위를 하는 것으로 자신이 믿음을 확신하고 성경대로 가르치는 지도자의 말에는 순종하기를 꺼린다. 안타깝게도 현대교회는 교인들의 눈치를 보면서 교인들이 듣기 좋아하는 축복과 덕담, 격려와 위로의 말로 도배하는 삯꾼 목사들이 넘쳐나지만, 정작 죄와 회개, 천국과 지옥의 자격을 성경대로 올곧게 가르치며 하나님의 명령을 선포하는 참 목자들을 찾아보기 힘들다. 왜냐면 자신의 죄를 지적하고 회개를 촉구하는 지도자들에게 순종하기를 꺼리며, 도리어 그런 목자들을 교회에서 내쫓는 데 성공했기 때문이다. 안타깝게도 이런 사람들은 교회 직분이 높고 희생적인 신앙 행위를 많이 했다고 할지라도 지옥의 불에 던져질 수밖에 없다. 하나님은 자신의 명령에 불순종하는 사람들을 천국에 들일 생각이 전혀 없으시기 때문이다.

124 언쟁은 하나도 유익이 없다는 것을 알고, 언쟁을 부추기는 악한 영들을 물리치라.

언쟁은 말로 다투는 것을 말한다. 실제 주먹을 오가며 발길질을 하지 않았다뿐이지 말로 싸우는 것이다. 싸움은 미움과 증오에서 촉발하며 분노를 터트리게 된다. 그러나 이는 죄다 이웃을 사랑하지 않는 사악한 죄악이며, 미혹의 영이 죄악 된 생각을 넣어주어 죄를 짓게 만드는 데 걸려 넘어간 것이다. 그러므로 이 같은 죄를 짓지 않으려면 언쟁하지 말고 피해야 된다. 물론 악의적이며 인격을 모독하는 말을 들으면 피가 거꾸로 솟는 느낌도 들 것이며, 그런 말과 대우를 받고 가만히 있으면 자존심이 상하며 바보같이 취급당하는 것이라는 생각도 들 것이다. 그러나 이 같은 생각 역시 악한 영들이 교묘하게 넣어주는 생각일 뿐이다. 물론 그런 생각이 전혀 쓸데없다는 것이 아니다. 그러나 상대가 화가 나서 말싸움을 걸어올 때, 사나운 말로 맞대응하는 것은 감정싸움만 촉발할 뿐이라는 것이다. 사실 그런 사람에게 좋은 말과 지혜로운 조언으로 대하더라도, 상대방은 그 얘기를 들을 귀가 거의 없다. 그러므로 나중에 화가 누그러지고 평정한 상태로 돌아왔을 때 대화를 해야 듣는 귀가 열릴 것이다. 어쨌든 어떤 경우라도 언쟁은 피해야 한다. 언쟁으로 시작하여 나중에는 돌이킬 수 없는 심각한 결과를 맞이하게 될 것이니까 말이다.

125 거짓 교사로 구성된 단체(이단 교회, 필자 주)는 미혹의 영들이 집결되어 있다.

거짓 교사, 거짓 선지자 등의 단어는 성경에 심심찮게 등장한다. 이들은 거짓의 영인 악한 영에게 사로잡혀 좀비로 이용당하고 있다고 생각하면 틀림없다. 물론 이들은 개인이겠지만, 이들이 거대한 단체의 구성원이라면 오싹할 일이 아니겠는가? 이 단체가 바로 이단 교회이다. 성령께서는 세간에 이름이 자자한 K파나 S 이단을 거론하며, 이들 단체의 교주는 미혹의 영이 떼로 지배하고 있어서 그 능력이 엄청나다고 말씀하신 적이 있다. 사실 이단 교회에서 주장하는 교리 등은 실제로 허접하기 짝이 없으며 다른 성경 구절과 맞지 않은 내용이 너무 많고, 실제로 증명해 보일 수 없는 것들은 자신들만의 논리로 주장하고 있는 것이 대부분이다. 그러나 이들 단체 안에 들어가면 미혹의 영에게 미혹되고 지배당해서 분별하는 게 불가능하며 세뇌당하기에 십상이다. 그래서 바울 사도도 이단 교인들을 적극적으로 설득하거나 구원하라고 명령하지 않았다. 이미 미혹의 영에게 깊이 사로잡혀 미혹당하고 있기 때문에 말로는 이들을 설득할 수가 없다. 가족 중에서 이단 교회에 들어간 이가 있다면 설득하려 하기보다, 성령께서 개입해주시기를 간절히 개입해서 구원해주시기를 기도해야 할 것이다.

126 기분 나쁠 때 악한 영들이 많이 틈탄다.

미움, 분노, 싸움, 분열 등의 죄의 시작은 기분이 나쁠 때의 마음을 절제하거나 다스리지 못했기 때문이다. 귀신들은 사람들이 잠을 잘 때 집요하게 공격하여 부정적인 생각들을 많이 심어놓는다. 그래서 아침에 일어나서 잠자리가 뒤숭숭하거나 건조한 마음이 들 때, 아내나 자녀들이 내뱉는 거스르는 말을 들으면 자신도 모르게 짜증 섞인 말로 대응하기에 십상이다. 그러면 어느새 말다툼이 시작되게 된다. 그런 상태에서 직장에 출근하거나 다른 사람을 만났을 때도 자신의 마음이 기분 나쁜 상태가 표정에서 읽히고 말투가 삐딱하게 되며, 상대방도 이에 대해 거스르는 말을 하게 되면 싸움과 갈등이 빚어지게 된다. 물론 오래가지 않아 어느 정도 선에서 마무리를 짓겠지만, 악한 영들은 시도 때도 없이 기분 나쁜 생각을 집어넣기 때문에 평생 불평이나 불만, 원망, 억울함, 미움, 분노, 짜증, 불안 등의 죄를 지으며 살아가게 되는 원인이 된다. 그러므로 기분 나쁠 때의 상태가 귀신들이 공격하는 것이라는 것을 즉각 인지하고 예수피로 쳐내어서 마음의 평정을 되찾는 기도훈련이 필요한 이유이다. 그러나 안타깝게도 거의 대부분의 교인이 악한 영들의 공격에 무지하므로 속수무책으로 당하며 살아가곤 한다.

127 조급한 마음도 악한 영들의 공격이다.

우리나라 사람들의 특징 중의 하나가 '빨리빨리'로 대변되는 조급함이다. 식당에서도 음식이 조금이라도 늦게 나오면 재촉하는 것이 일상이며, 교차로에서 신호가 바뀌었는데 앞차가 즉각 출발하지 않으면 뒤차가 빵빵대기 일쑤이다. 그러다가 상대방도 짜증으로 반응하면 길거리 한복판에서 논쟁을 벌이거나 몸싸움을 하기도 한다. 이 싸움의 빌미가 바로 조급한 마음이다. 조급하다는 것은 마음이 불안한 상태이다. 빨리 처리하지 않으면 불이익을 당하며 손해를 본다고 생각하는 데서 나오는 마음의 상태이다. 말하자면 염려, 걱정, 불안, 두려움 등의 부정적인 생각이 마음을 지배하고 있기 때문이며, 이런 생각은 하나님께 삶의 전부를 맡기는 믿음이 부족한 데서 오며, 성령이 주시는 평안한 마음이 없기에 생기는 현상이다. 결론적으로 조급한 마음이 들며 불안하고 짜증이 슬며시 들어온다면, 즉시 예수피를 외치며 귀신들이 넣어주는 생각을 몰아내야 한다. 하나님이 나와 함께 하신다면 조금 늦더라도 무슨 상관이 있겠는가? 느리게 사는 태도가 하나님을 향한 믿음을 드러내는 삶의 모습임을 잊지 마시라.

128 귀신을 쫓아낼 때, 방언기도(자기도 알지 못하는 기도, 필자 주)를 하지 말라.

이 말씀은 필자의 사역이 열리기 전에, 대전의 원룸에서 3년 동안 성령으로부터 귀신의 정체와 공격계략을 훈련받을 때였다. 당시 필자는 귀신을 쫓으면서 방언을 섞어서 축출기도를 하였는데, 성령께서는 방언으로 기도하지 말라고 말씀하셨다. 당시 필자의 방언은 성령이 주시는 방언이 아니라 자의적으로 지어낸 방언이어서 그랬는지 알 수 없지만, 귀신을 쫓는 기도의 내용은 예수 이름이나 예수 보혈의 공로를 의지하여서 귀신을 내쫓는 것이다. 그러므로 굳이 방언으로 기도할 필요가 없지 않은가? 사도행전에서 보여주는 방언의 목적은, 하나님을 모르는 외국인들에게 그들의 언어를 말함으로써 하나님의 능력을 드러내기 위함이었다. 그러므로 귀신을 쫓을 때 방언을 할 필요가 없는 것은 당연하다. 또한 기도할 때 습관적으로 방언기도를 하는 것은 잘못된 일이다. 만약 성령이 주시는 방언이라며 목적이나 열매가 분명해야 한다. 그러나 그 목적이 기도를 오랫동안 편하게 하기 위해서이거나, 다른 교인들에게 종교적인 의를 드러내기 위해서라면 하나님이 싫어하시는 죄악임이 틀림없을 것이다.

129 귀신과 내통하는 자들과는 사귀지도 말고 만나지도 말아라.

귀신과 내통하는 사람들이란 누구인가? 가장 먼저 떠오르는 사람이 무당일 것이다. 무당은 귀신의 영이 안에 있어서 귀신을 섬기는 일을 하는 좀비이기 때문이다. 그러므로 그들을 만나거나 사귄다면 필시 귀신들의 공격을 받게 되거나 악한 영향을 받게 될 것이 뻔하기 때문이다. 그러나 정상적인 크리스천들이 무당을 찾아가거나 무당과 사귀는 경우는 거의 없을 것이다. 그러나 무당만 귀신을 사귀거나 내통하는 것은 아니다. 크리스천 중에도 이런 사람이 많고, 목사라는 신분을 가지고 있어도 그렇다. 귀신과 내통하는 사람들은 거짓 예언자, 거짓 축사자, 거짓 치유자가 대표적이며, 귀신들이 공급하는 신비스러운 현상이나 이적을 행하는 이들도 있다. 그중에 대표적인 것이 방언 찬송, 영서, 성령 춤, 웃으면서 뒤로 넘어지게 하거나, 손에 금가루가 떨어지고 아말감이 금이빨로 변하는 신비로운 현상을 주도하거나 추종하는 이들이 바로 그렇다. 이 같은 현상은 성령이 주시는 게 아니라 미혹의 영이 속여서 넣어주는 현상이기 때문이다. 그러나 이들이 필자의 주장을 인정할 리가 없다. 그러므로 이들과 논쟁하거나 설득해서 그들 안에 있는 귀신을 쫓아낼 수가 없다.

130 침체기가 오는 것은 악한 영들이 기도의 불이 꺼져가는 것을 틈타는 것이다.

교회는 헬라어로 '에클레시아'라고 하며, 성령이 함께 하는 사람들의 모임이라는 뜻이다. 그렇다면 하나님의 영과 내 영혼이 교제하는 통로가 바로 기도이다. 그러므로 성령과 깊고 친밀하게 교제하는 기도를 하는 사람들만이, 영혼을 구원하며 하나님의 나라를 확장하는 도구로 살다가 영원한 천국에 들어가 하나님과 행복하게 살게 될 것이다. 그러나 이러한 하나님의 계획에 반대하며, 하나님이 사랑하는 사람들이 천국에 들어가는 것을 시기 질투하는 악한 영들은 하나님과 교제하는 기도를 집요하게 방해한다. 그러므로 교회에서 기도 소리가 사라지고 가정과 직장에서 기도하는 사람들이 사라지는 증거가 바로 악한 영들이 기도의 불을 꺼뜨리는 데 성공했기 때문이다. 하나님의 인도하심과 보호하심이 사라지고 기적과 이적으로 드러나는 성령의 능력이 없는 교회는 종이호랑이에 불과하다. 그래서 교회를 아무리 오래 다녀도 하나님을 모르는 세상 사람과 진배없이 무능하고 무기력한 믿음으로 고단하고 팍팍하게 살아가는 모습이다.

131 사탄은 종말이 다가올수록 더 거세게 공격한다.

유황불이 타는 지옥의 형벌이 기정사실화 되어 있는 사탄이 할수 있는 것은 종말의 날을 최대한 늦추는 것이다. 그래서 귀신들은 한 사람의 영혼이라도 천국에 들어가게 하지 못하게 하려고 집요하게 공격한다. 특히 지금처럼 종말의 날이 초읽기에 들어가 있는 시대라면 사탄은 죽기 살기로 맹렬하게 공격할 것이다. 그래서 세상에는 흉측하고 잔인한 사건사고가 쉴 새 없이 터지고, 수많은 이들이 살아갈 힘을 잃고 알코올 중독이나 게임중독에 빠지거나, 낙담과 실의에 견디다 못해 자살로 생을 마감하는 이유이다. 교회 안에도 마찬가지이다. 교인들이 기도와 말씀으로 하나님을 찾으려고 하지 않으며, 종교적인 예배의식을 마치고 나서 먹고 떠드는 교제 장소로 알거나, 날이 갈수록 믿음과 사랑이 식어서 교회를 떠나는 이들이 허다하게 늘어난다. 목회자들의 타락도 이와 무관하지 않다. 금전적인 범죄와 성적 타락이 빈번해지고 교회를 종교사업장으로 여겨 자식에게 물려주는 일이 비일비재하다. 그래서 하나님이 교회를 외면하시고 떠나는 빌미를 제공하였다. 그래서 예수님은 종말이 가까울수록 깨어서 항상 기도하라고 하셨지만, 현대교회는 하루에 10분도 기도하지 않는 교인들과 하루에 30분도 기도하지 않는 목사들이 대부분이다. 안타깝고 답답한 일이다.

132 적이 공격할 때, 즉시 속사포를 쏘라.

귀신들과 싸우는 무기는 예수 그리스도의 보혈의 공로로 무장한 성령의 능력을 드러내는 기도이다. 또한 귀신들의 정체와 공격계략에 대해 훤하게 꿰뚫고 있어야 한다. 귀신들은 사람의 머리를 타고 앉아 생각을 넣어주어 공격하며, 공격유형은 온갖 죄악된 생각이다. 기본적인 것은 염려, 걱정, 불안, 두려움, 낙심, 절망 등의 불신앙의 생각이나 미움, 시기, 질투, 짜증, 분노, 싸움, 분열 등의 죄악 된 생각, 그리고 하나님보다 돈을 더 사랑하는 탐욕이나 자기 자신을 사랑하는 자기연민, 서러움, 육체의 쾌락을 더 사랑하는 우상숭배 등의 생각이 기본이다. 그러므로 이런 생각이 들어오면 예수 피와 예수 이름을 외치며 생각과 마음에 자리 잡지 못하도록 싸워야 한다. 그러나 기도훈련이 잘 안 되었거나 기도의 내공이 부족하다면 축출기도를 한다고 쉽게 물러나지 않는다. 그러므로 이런 죄악된 생각이 들어오면 받아들이지 말고, 즉각 생각이 사라질 때까지 계속 축출기도를 해야 한다. 이 방법은 성령께서 필자에게 알려주신 비결이므로, 절대로 잊지 말고 가슴에 새겨서 귀신과 싸워 이기는 금과옥조로 활용해야 할 것이다.

133 악한 영은 덫을 놓고 덫에 걸리기만을 기다린다. 무늬만 크리스천들이 덫에 잘 빠진다.

악한 영들이 사람들의 영혼과 생명을 사냥하는 덫은 죄를 짓게 하여 죄인으로 만드는 것이다. 죄인은 하나님이 도와주실 수 없으므로 포로로 잡아 생명을 도륙하고 지옥 불에 던져 넣을 수 있기 때문이다. 그래서 악한 영들은 죄의 덫을 놓고 죄를 부추기고 유혹하여 죄를 짓게 만드는 데 선수이다. 기도와 말씀으로 무장하고 성령과 동행하는 사람들은 죄를 깨닫고 죄와 싸우는 비결에 대해 잘 알고 있으며, 설령 연약함과 무지함으로 죄에 넘어졌다고 하더라도 즉각 회개하여 죄의 용서를 받는다. 그러나 성령과 교제하는 기도의 습관이 없으며 종교적인 행사나 희생적인 신앙 행위만을 반복하고 있는, 소위 무늬만 크리스천들은 죄에 걸려 넘어질 수밖에 없는 운명이다. 성령께서는 대부분의 목사와 대부분의 교인이 미혹의 영에 속아 넘어가서 지배받고 있다고 말씀하셨다. 이는 성령과 깊고 친밀한 교제의 습관이 없기 때문에 바리새인과 서기관처럼 종교적인 신앙인으로 남아 있기 때문이다.

134 말씀이 들어오지 않는 것도 다 악한 영의 공격 때문이다.

태초에 말씀이 계시니라 이 말씀이 하나님과 함께 계셨으니 이 말씀은 곧 하나님이시니라 (요1:1)

말씀이 무엇인가? 성경은 말씀이 곧 하나님이시라고 선포하고 계시다. 그러므로 하나님을 만나 교제하는 필수적인 통로가 바로 말씀인 셈이다. 그렇다면 교인들이 항상 말씀을 가까이하여 매일 규칙적으로 읽고 묵상하여야 할 것이다. 그러나 대부분의 교인은 규칙적으로 말씀을 읽는 습관이 없다. 왜냐면 말씀 읽는 게 즐겁고 재미있지 않기 때문이다. 그 이유는 설교시간에 항상 들어왔던 내용을 재탕 삼탕 해서, 또다시 읽는 게 즐거울 리가 없을 것이다. 그래서 말씀을 가까이하기를 꺼리고 성경을 즐겨 읽지 않는다. 그 이유는 악한 영들이 말씀을 읽을 때 하나님을 만나지 못하게 하려고 집요하게 방해하기 때문이다. 그래서 악한 영들의 방해를 물리치고 말씀을 통해 하나님을 만나려면, 먼저 성령이 내주하는 기도를 동반해야 한다. 그래서 성령께서 마귀의 방해 공작을 물리쳐주시며 깊은 깨달음으로, 머리에 지식으로 쌓아두는 게 아니라 가슴으로 내려와서 삶에 적용할 수 있는 능력을 주시게 된다. 그러나 이러한 악한 영의 계략에 무지하기 때문에 대부분의 교인은 말씀을 거의 읽지 않으며, 읽는 사람들도 하나님과 교제하는 목적이 아니라 다른 이들을 가르치거나 해박한 성경 지식을 자랑하고 자기 의를 내세우기 위한 목적이다. 그러므로 말씀 읽는 것을 좋아하지 않는다면, 먼저 성령과 교제하는 기도를 동반해서 악한 영의 방해 공격을 이겨내야 할 것이다.

135 극심한 가난이 있는 자들은 악한 영의 공격이다.

네 하나님 여호와를 기억하라 그가 네게 재물 얻을 능을 주셨음이라 이같이 하심은 네 열조에게 맹세하신 언약을 오늘과 같이 이루려 하심이니라 (신8:18)

성경은 하나님의 백성들에게 재물 얻을 능력을 주셔서 이 세상에서 풍족하게 먹고 살 수 있도록 해주셨다고 선포하고 있다. 그렇다면 신앙이 돈독한 크리스천이라면 죄다 먹고 사는 생계비가 넉넉하고 재정적인 어려움이 없이 살아야 하지 않을까? 그러나 현실은 차갑다. 교회 안에도 가난한 이들이 넘쳐나며 극심한 가난으로 고통 받는 이들도 적지 않다. 가난이 오는 통로는 정상적인 직업을 가질 수 없는 정신 능력과 육체적인 능력이 없으며, 가장이 알코올 중독을 비롯한 중독이나 각종 정신질환이나 고질병으로 앓고 있어 돈벌이를 할 수 없거나, 탐욕과 어리석음으로 과도한 빚을 얻어 투자나 사업을 하다가 실패하여 악성 부채로 빚더미에 앉아 있기 때문이다. 악한 영들은 죄의 덫을 놓고 죄에 걸려들게 만들어서 각종 불행한 사건 사고에 휘말리게 하여 고통을 주어 생명과 영혼을 사냥한다. 물론 하나님의 사역을 하기 위해 스스로 선택한 빛나는 가난도 있다. 그러나 하나님은 자신의 종들이 극심한 가난에 시달리게 하지 않는다. 사역에 전념하기 위해 따로 돈벌이를 하지 않더라도 도움의 손길을 보내주어 사역과 생계에 필요한 재정을 공급하신다. 그러나 자신의 무지와 어리석음으로 인한 죄의 덫을 밟아 극심한 가난에 시달리는 사람들은 죄다 귀신들의 공격에 속수무책으로 당한 결과이다. 그러므로 극심한 가난에서 벗어나려면 전심으로 하나님을 부르는 기도의 습관으로 하나님의 긍휼하심과 도우심을 받아야 할 것이다.

136 귀신과 싸워 이기는 것이 사명자의 역할이다.

사명자라는 말은 하나님으로부터 특별한 사명을 받아 영혼 구원 사역을 하는 종을 말한다. 교회 주변에서 사명자라는 말을 들으면 신학교에 입학해서 신학 공부를 마치고 목사안수를 받아 목회자가 되어야 한다는 뜻으로 소통하고 있다. 그러나 예수님이 말씀하신 사명자는 교단에서 만든 신학교에서 커리큘럼을 이수하고 졸업하여 목사안수를 받는 사람이 아니라 본질적인 영혼 구원 사역을 맡은 제자를 말하며, 구체적으로 귀신에게 사로잡혀 있는 영혼들을 구해내어 하나님의 나라로 돌려드리는 것이다. 그러므로 예수님이 말씀하시는 사명자는 귀신들의 정체를 잘 알고 싸워 쫓아내는 영적 능력을 소유하여야 할 것이다. 그러나 안타깝게도 현대교회는 귀신에 대해 전혀 알지 못하며, 성경에 기록되어 있어도 관념적으로 이해하고 사변적인 지식으로만 알고 있을 뿐이다. 그래서 귀신들린 사람을 교회에 데려와도 무능하고 무기력한 모습을 보일 뿐이며, 교인 중에 귀신이 일으킨 정신질환이나 고질병 환자들이 있어도 병원이나 전문의를 소개해주고 있을 뿐이다. 그러면서 자신들이 사명자라고 철석같이 믿고 있으니 기가 막힌 일이다.

137 마귀는 정체성을 잃게 하는 데 천재이다.

내 이름으로 불려지는 모든 자 곧 내가 내 영광을 위하여 창조
한 자를 오게 하라 그를 내가 지었고 그를 내가 만들었느니라(
사43:7)
이 백성은 내가 나를 위하여 지었나니 나를 찬송하게 하려 함
이니라(사43:21)

위의 말씀에는 하나님께서 인간을 지으신 목적을 콕 집어서 말
씀하고 계시다. 즉 하나님의 영광을 위해서 찬송하기 위해서 지
으셨다고 말이다. 그러나 마귀는 인간의 정체성을 잃어버리게 만
들고 있다. 즉 하나님의 영광이 아니라 자신의 소원을 이루고 자
신이 원하는 삶을 위해서 하나님을 필요하다고 생각하게 만든다.
그래서 교회에 와서도 세속적인 축복이나 재물의 복, 성공, 자녀
가 잘되는 세상적인 축복을 얻기 위해 헌금과 십일조를 과도하
게 드리고 각종 희생적인 교회 봉사를 마다하지 않는다. 말하자
면 세상에 나가서는 돈을 벌기 위해 시간과 에너지를 바치며, 그
렇게 벌어들인 돈으로 육체의 만족을 채우고 있으며, 심지어 교
회에 와서도 세속적인 욕망을 채우는 목적으로 신앙생활을 하고
있으니 기가 막힌 일이다. 이는 죄다 마귀가 정체성을 잃게 만드

는 데 성공했기 때문이다. 그래서 목사들은 대형교회의 담임목사가 되는 목회 성공을 위해서, 마귀들의 미끼인 기복신앙과 번영신학을 들여온 이유이며 교인들도 박수치며 환영하고 있다. 이처럼 하나님의 창조목적을 잃어버린 영혼들의 종착역은 지옥의 불구덩이지만, 영적으로 잠이 든 현대교회의 목사와 교인들이 깨어날 생각조차 없으니 안타깝기 짝이 없다.

138 귀신들은 자기의 유익을 따라 구하게 하고 있다.

거머리에게는 두 딸이 있어 다오 다오 하느니라(잠30:15)

그러므로 땅에 있는 지체를 죽이라 곧 음란과 부정과 사욕과 악한 정욕과 탐심이니 탐심은 우상 숭배니라(골3:5)

잠언에서 말하는 거머리는 누구인가? 바로 탐욕스럽기 짝이 없는 사탄 마귀이다. 그래서 사도바울은 탐욕이 맘몬의 영을 섬기고 하나님보다 자기 자신을 더 사랑하는 우상숭배의 죄를 짓는 것이라고 말씀하신 이유이다. 그러나 안타깝게도 대부분의 현대

교인들이 교회 마당을 밟는 이유는 세상에서 잘되고 부자가 되며 삶의 문제가 해결되기 위해서이다. 진실로 하나님의 영광을 위해서 하나님을 찬양하고 감사하고 경배하는 목적으로 신앙생활을 하는 이들을 찾기 어렵다. 물론 겉으로야 형식적인 예배의식에 참석하고 갖가지 종교적인 행사와 희생적인 신앙 행위를 하고 있지만, 속내와 목적은 여전히 자신이 세상에서 잘되고 부자가 되고 성공하려는 것임을 숨기지 않는다. 필자의 주장이 믿기지 않으면 새벽기도회에서 부르짖는 기도의 목록을 들어보시라. 이처럼 교인들이 변질된 이유는, 미혹의 영이 하나님을 앞세우지만 정작 자신을 주인으로 모시고 육체의 만족과 자신이 원하는 삶을 추구하게 하고 있기 때문이다.

139 가정이 복을 받지 못하는 것은 아직 복음이 들어가지 않았기 때문이다. 이런 집은 귀신의 밭이다.

세상 사람들은 말할 것도 없이, 하나님의 자녀라고 철석같이 믿고 있는 크리스천의 가정에도 갖가지 불행한 사건 사고로 극심한 고통을 겪고 있는 식구들이 적지 않다. 그런데 성령께서는 그 이유로, 아직 복음이 들어가지 않았기 때문이라고 말씀하셨으니 이해하기 힘들다. 주일이면 온 가족이 교회에 가서 예배를 드리고 교회 봉사도 열심히 하고 있는데, 왜 복음이 들어가지 못한 가정이라고 말씀하시는 걸까? 복음이 무엇인가? 예수님이 우리의 죄를 대신해서 십자가에서 희생 제물로 돌아가셨으므로, 이 보혈의 공로를 의지하는 믿음으로 구원을 받게 되었다는 것이다. 즉 예수 그리스도의 보혈의 공로가 우리의 죄를 용서해주어서 하나님과 화목하게 되어서 천국 백성이 되었다는 것이다. 성경은 죄로 인해서 사망이 들어왔으며, 사망의 통로가 갖가지 성인병이며, 죄로 인해서 하나님과 분리되어 악한 영들의 지배를 받으며 불행한 사건으로 생명과 영혼이 사냥당하고 있는 이유이다. 그러므로 예수님의 보혈의 공로를 믿는 믿음이 있다면 죄를 타고 들어오는 악한 영들의 공격에도 보호받을 수 있으며, 성령의 능력으로 평안하고 행복하게 살 수 있지 않은가? 그렇다면 영접기도를 하고 예배의식에 참석하는 종교적인 행위로 복음을 받아들이는 증거가 될 수 없다. 하나님은 마음을 날카롭게 관찰하시는 분이시기 때문이다. 진실로 예수님의 보혈의 공로를 믿는다면 날마다 죄와 싸워 이기는 삶을 살아야 한다. 그러나 형식적이고 종교적인 신앙 행위로는 하나님이 인정하시는 믿음이 될 수 없다. 하나님이 살아 계시다고 믿는다면 날마다 하나님의 이름을 부르며 전심으로 성령이 내주하는 기도의 습관을 들여서, 하나님을 찾아가는 사람이기 때문이다. 안타깝게도 대부분의 크리스천의 가정은 십자가 보혈의 능력을 누리지 못하고 있는 게 우리가 마주한 차가운 현실이다. 그래서 세상 사람들의 가정과 진배없이 고단하고 팍팍하게 살아가는 중이다.

140 사탄은 굿을 좋아하며, 조상 중에 굿을 많이 한 집안에는 악한 영이 많이 잠입해있다.

사탄이 자신을 달래고 섬겨주며 인정해주는 무당들이 하는 굿을 좋아하는 게 당연할 것이다. 성령께서는 귀신들이 잠복한 가정의 특징으로 첫 번째 말씀하신 게, 바로 조상신이나 산신령, 선녀, 삼신 할매 등의 이름을 빌린 귀신들을 섬기는 가정이라고 콕집어서 말씀하셨다. 그래서 툭하면 무당을 찾아가서 굿을 하거나 점쟁이들을 찾아가서 길흉화복을 물어보는 사람들은 귀신을 떠받들며 섬기기 때문에 죄다 악한 영들이 우글우글하는 가정이라고 보면 틀림없다. 우리네 조상들은 대부분 조부모와 부모, 자녀들인 3대가 함께 한 집에 모여서 살아왔기 때문에, 조부모가 섬기는 귀신들이 손자 손녀들에게 들어와서 어렸을 때부터 가정이 귀신들의 인큐베이터가 되어버렸다. 그래서 그들의 손자 손녀들이 성인이 되어 결혼해서 가정을 이루면 귀신들이 창궐하게 되는 이유이다. 우리네 조상들은 대를 이어 귀신들을 섬겨왔기 때문에 모든 가정에 귀신들이 수도 없이 잠복해있었다. 그래서 조상들의 불행사로 얼룩진 고통스러운 삶이 대를 이어 내려왔던 것이다. 우리나라 사람들의 정서는 한(恨)이라고 말하고 있다. 한(恨)이라는 한자는 억울하다, 원통하다는 뜻이다. 즉 고통스런 삶으로 억울함과 서러움 등의 자기연민을 껴안고 살다가 이 땅을 떠나갔던 것이다. 자기연민은 자기를 우상으로 여겨 사랑하는 마음으로 하나님보다 더 사랑하는 것은 죄다 죄악이다. 즉 귀신들이 대를 이어 가정에서 창궐해서 가정마다 불행한 사건 사고가 끊이지 않으며 삶이 지옥이 되었던 셈이다.

141 악한 영들은 마음에 파고 들어가 세상적이고 세속적인 지혜를 넣어준다.

이러한 지혜는 위로부터 내려온 것이 아니요 세상적이요 정욕적이요 마귀적이니(약3:15)

앞서 여러 번 언급한 대로, 악한 영들은 사람의 머리를 타고 앉아 자기 생각을 넣어주어 속이고 있다. 그 생각들은 하나님의 뜻이 아니라 하나님이 싫어하시는 죄악된 생각이다. 그러나 비도덕적이고 현행법을 위반하는 죄악된 생각들을 넣어주면 잘 속지 않는다. 그동안 가정이나 학교에서 이런 생각들은 죄라고 배워왔기 때문이다. 이를 잘 아는 귀신들은 육체가 원하는 세상적이고 세속적인 생각들을 넣어준다. 대부분은 돈을 추구하는 삶이다. 그래서 돈을 많이 벌어 부자가 되어서 육체를 즐기는 삶을 추구하는 생각에 몰두하여 살아가게 만든다. 그래서 예수님은 하나님과 재물을 동시에 섬길 수 없다고 말씀하신 이유이다. 재물 뒤에는 맘몬의 신인 귀신들이 하나님보다 돈을 더 섬기게 하는 죄를 짓게 하여 죄인으로 만들고 있기 때문이다. 그래서 하나님을 모르는 세상 사람들은 물론, 하나님을 주인으로 섬기는 크리스천조차 어렸을 때부터 부자가 되기 위해 공부를 열심히 해서 돈을 잘 버는 직업과 직장에 들어가고자 애쓰며, 결혼배우자도 돈을 잘 버는 의사와 변호사와 같은 고소득의 직업을 선호하는 이유이다. 또한 교회에 와서조차 부자가 되고 성공하고 싶은 속내를 숨기지 않고 기도하고 있으니 입맛이 씁쓸하다. 이는 죄다 귀신들이 속여서 넣어준 세상적이고 세속적이며 마귀적인 생각을 자기 생각인 양 속아서 살아가고 있기 때문이다.

142 귀신들이 좀비들을 통해 들어온다.

좀비는 원래 서아프리카의 부두교에서 전래하는 시체로서 주술사의 명령에 따라 움직이는 공포의 대상으로, 그동안 블록버스터의 공포영화 소재로서 많이 사용되었다. 그러나 성령께서 말씀하신 좀비는 귀신들의 조종을 받는 사람을 가리키고 있다. 즉 귀신들이 머리를 타고 앉아 자기 생각을 넣어주며 속이는데, 이를 전혀 인지하지 못하고 자기 생각인 양 그들의 말에 속아서 따르는 자들이며, 주로 하나님의 사역을 방해하거나 하나님의 자녀들을 교묘하게 속여서 진리에서 벗어나 죄를 짓게 하여 죄인으로 만들어 지옥에 던져지게 하는 앞잡이로 일하고 있다. 그러므로 귀신들은 좀비들을 앞장세워 죄를 짓게 하여 다른 사람에게 들어가는 통로로 사용하고 있다. 하나님은 죄를 미워하시며 죄인을 가까이하실 수 없기 때문에, 죄를 짓고 회개하지 않은 사람들은 귀신들이 마음대로 드나들며 조종할 수 있기 때문이다. 그러므로 누가 좀비인지 알지 못하면 영혼이 위태로운 지경에 빠진다는 것을 알아야 할 것이다. 그러나 귀신들은 사람의 생각을 읽고 공격하기 때문에, 이미 인지하고 있는 죄의 덫을 놓는 것이 아니라 인지하지 못하는 죄를 짓게 하고 있다. 성경에서 말하는 죄는 비도덕적이거나 현행법을 위반한 죄가 아니라, 하나님의 뜻에 반하는 모든 생각과 성품, 말과 행동을 총망라하고 있다. 그중에서도 하나님보다 더 사랑하는 모든 것은 우상숭배의 죄라고 콕 집어서 말하고 있다. 그래서 자기 자신이나 돈을 하나님보다 더 사랑하는 것이 우상숭배의 죄를 짓는 것이다. 그래서 육체의 욕심을 추구하고 하나님의 뜻을 무시하고 자신이 원하는 삶을 사는 것도 죄이지만 이를 알아채는 이들이 거의 없다. 그래서 귀신들은 자신의 원하는 삶을 추구하게 만들고, 특히 세속적인 축복을 좇아 부와 성공을 추구하게 만들어서 죄를 짓게 하는 공격으로, 하나님을 모르는 세상 사람은 물론 수많은 크리스천을 죄인으로 만들고 있다.

143 귀신을 쫓아내면 좀비들이 사역자들을 공격한다.

귀신들이 가장 싫어하고 미워하는 사람이 누구인가? 바로 귀신들을 쫓아내는 사역을 하는 사람일 것이다. 그래서 귀신을 쫓아내는 사역자들은 귀신들의 집요한 공격의 표적지가 될 수밖에 없다. 필자도 그런 사람 중의 하나이다. 성령께서 필자의 사역이 귀신을 쫓아내고 귀신의 활동성을 알리는 것이라고 하셔서, 지금까

악한 영들의 기본적인 공격계략은 사람의 머리를 타고 앉아 자신들의 생각을 넣어주어 속이는 것이다. 이런 생각을 속아서 받아들이게 되면 뇌를 장악하여 좀비로 만들며, 정신 능력을 망가뜨려서 온갖 정신질환에 시달리게 하여 폐인으로 만든다. 이렇게 귀신들의 공격은 치명적이다. 귀신들의 특징은 자신의 의를 드러내고 싶어 하여 뇌를 장악한 사람들에게 자신들이 좋아하는 생각을 넣어주어 조종하고 있다. 귀신들이 뇌를 장악한 사람들의 특징은 육체의 생각을 좇고 쾌락을 즐기며, 교만하고 오만하게 만들어서 고집불통이며 자기중심적이고 감정의 기복이 심하다는 게 특징이다. 하나님을 모르는 세상 사람들은 말할 것도 없이, 교회의 직분이 높고 신앙의 연륜이 많은 사람들도 영적 교만이 하늘을 찌르며 해박한 성경 지식을 자랑하며, 희생적인 신앙 행위로 하여금 자기 의와 자기 만족의 도구로 삼고 있는 사람들이 바로 그렇다. 예수님 당시의 바리새인과 서기관들이 그런 부류였으며, 현대교회의 허다한 신학자와 목회자, 교회 지도자들이 그렇다. 이들은 자신들도 천국에 들어가지 않고, 교인들을 막아서서 들어가지 못하게 하고 있으니 그 형벌이 엄청날 것이 틀림없다. 그러나 이 사실을 인지하지 못하며, 누가 말해주어도 받아들이지 않을 것이 틀림없다. 귀신들이 뇌를 장악해서 분별력을 상실하고 맹목적으로 자기 생각과 자기 고집을 따르게 만들고 있기 때문이다.

147 악한 영들은 사람이 많은 곳을 집중적으로 공격한다.

악한 영들은 심리 전술의 대가이다. 그래서 군중심리를 교묘하게 이용한다. 혼자 있을 때는 감정을 격앙시켜서 분노케 하여 과도하게 행동하게 하는 것이 어렵지만, 많은 사람이 함께 있으면 선동하기가 쉽기 때문이다. 예수님을 못 박으라고 소리친 유대인들도 수많은 무리가 함께 모여서 바리새인들과 제사장들이 선동하기 쉬웠으며, 모세의 인도로 애굽을 탈출한 이스라엘 백성들도 수많은 무리가 함께 모여 있었기에 하나님을 향한 불평과 불만을 쏟아붓고 모세에게 대들며 항거하기 쉬운 분위기를 조장하기 쉬웠다. 이는 악한 영들이 군중심리를 조장하고 분위기에 휩쓸리게 만들어서 분노를 폭발시키기 때문이다. 정부를 향해 데모하고 강성노조들이 시위할 때도 수많은 군중이 동원하는 것도 악한 영들이 무리들을 부추겨서 분노를 조장하는 데 능숙하기 때문이다. 교회 안에서도 개인적으로 불평불만을 할 때는 영향력이 크지 않아도, 많은 교인을 포섭하고 무리가 함께 모여서 행동을 할 때는 교회가 편을 갈라 싸우다가 공격이 심해져서 결국 교회가 쪼개지는 사달이 나기 쉽다. 그러므로 악한 영들이 부추기는 분위기에 휩쓸리지 않으려면 많은 무리가 모여서 반대하고 시위하는 곳을 피해야 할 것이다.

148 사탄은 자기를 드러내는 자들에게 들어가 틈탄다.

자기를 드러내기 좋아하는 사람은 자기 의와 자기 자랑, 자기 만족을 추구하는 사람이다. 이러한 성향은 그런 사람 안에 잠복하고 있는 귀신들이 넣어주는 생각을 받아들여서 따르기 때문이다. 예수님은 바리새인과 서기관들이 기도할 때도 사람들이 많이 오가는 시장에서 기도하는 모습을 보여주고 싶어 하고, 금식할 때도 슬프고 괴로운 표정으로 남이 알아주기를 바라며, 해박한 성경 지식을 가르치고 율법의 조항들을 철저하게 지키는 이유도 하나님의 뜻을 행하고 영광을 돌리는 것이 아니라, 자신의 종교적인 의를 드러내고 남이 알아주기를 바라서였다. 사탄은 이런 성향의 사람들에게 들어가서 자기 생각을 넣어주어 좀비로 삼아 조종하기 일쑤이다. 그러므로 이런 사람들이 주위에 있다면 조심하고 경계하며, 거리를 두고 피할 수 있다면 피해야 이들의 공격에 피해와 상처를 입지 않게 될 것이다. 그러나 이런 사람이 가족이나 회사의 상사나 동료라면 쉽게 피하기 어려울 것이다. 그래서 악한 영의 공격을 무력화시키는 기도의 내공을 쌓고 이들과 싸우는 영적 능력을 길러야 하는 이유이다.

149 악한 영은 가정공동체가 회복되는 것을 가장 두려워한다. 가정을 공격하여 불화하게 하는데, 기도훈련이 된 가정은 이들이 함부로 공격하지 못한다. 사건 사고가 많은 가정도 이들의 공격이 심화하기 때문이다. 이 보이지 않은 공격은 두려움, 공포를 주고, 만사를 귀찮게 하고 두뇌 회전을 방해한다.

위의 성령의 말씀은, 가정이 화목하게 되기 어렵고 가족들과 불화하고 갈등을 빚으며 싸우고 분열하는 이유에 대해 상세하게 밝히고 있다. 귀신들은 가족 구성원의 머리를 타고 앉아 서로 미워하고 싸우게 하여 분열시켜서 가정이 화목하게 되지 못하게 하고 있다. 귀신들의 기본적인 공격은 첫째, 사람 안에 들어가 뇌 기능을 무너뜨리고 각종 장기, 혈관, 신경, 뼈 등을 망가뜨리고 기능을 저하하며, 둘째는 미움, 시기, 질투, 분노 등의 생각을 넣어주어 서로 싸우고 분열시키며, 셋째는 각종 불행한 사건 사고를 일으켜서 고통을 주어 생명과 영혼을 사냥하는 전략을 구사하고 있다. 그래서 가정이 분열되고 가족들이 뿔뿔이 흩어지면 정신과 삶이 황폐해져서 낙심, 절망, 자포자기, 자살 충동 등의 부정적인 생각에 사로잡혀 지옥에 던져지는 영혼이 되는 이유이다. 그러므로 가정에서 가족들이 하나님의 이름을 부르고 전심으로 성령의 내주를 간구하는 기도의 습관을 들여서, 성령이 가정을 보호해주시고 지켜주셔야 행복하고 평안하게 살 수 있을 것이다.

150 네 입의 거친 말을 모두 뽑아내라. 거친 생각, 거친 말, 귀에 거슬리게 하는 것도 모두 악한 영의 공격이다.

> 이기는 자는 이와 같이 흰 옷을 입을 것이요 내가 그 이름을 생명책에서 결코 지우지 아니하고 그 이름을 내 아버지 앞과 그의 천사들 앞에서 시인하리라 (계3:5)

미움, 시기, 질투, 분노 짜증, 싸움은 성경에서 말하는 명백한 죄악이다. 악한 영은 죄의 덫을 놓고 죄를 짓게 만들어서 불행과 고통을 주어 생명과 영혼을 사냥하는 사악하고 잔인한 놈이다. 그렇기에 그런 생각은 말로 나오고 행동으로 드러나기 마련이며, 이는 악한 영이 조종하기 때문이다. 결국 죄를 짓게 하여 지옥의 불구덩이에 던져지지 않으려면 죄와 피 터지게 싸워 승리하는 자가 되어야 한다. 그러나 현대교회에서는 3분짜리 영접기도와 주일성수로 구원이 확정된 사실인 양 거짓으로 가르치고 있다. 그래서 교회 직분이 드높고 신앙의 연륜이 오래된 교인들도 가족들에게나 심지어 낯모르는 사람들 앞에서도 죄를 스스럼없이 짓고 회개할 생각조차 없다. 교회에서 죄와 회개, 지옥을 가르치지 않기 때문에 죄를 밥 먹듯이 짓고 있지만, 자신이 지옥에 던져지는 무서운 죄를 짓는다는 생각을 하지 못하고 있다. 안타깝고 답답한 일이다.

151 마귀의 존재를 알지 못하는 자들은 마귀의 종으로 살아갈 수밖에 없다.

성령께서는 대부분의 교인이 하나님을 모르며 성령을 모르고, 시험하는 영인 마귀의 존재에 대해 무지하다고 말씀하셨다. 그러나 필자의 주장을 인정하는 사람이 누가 있겠는가? 하나님을 잘 알고, 성령도 잘 알고, 귀신도 나름대로 알고 있다고 여기고 있기 때문이다. 하나님을 잘 안다는 것은 성경 속의 인물이나 사건을 머리에 쌓아두어 지식으로 알고 있는 게 아니라, 하나님이신 말씀이 가슴에 내려와서 깨달음으로 삶에 적용하여 말씀의 위력을 경험하며 사는 것으로 증명해 보여야 한다. 성령을 잘 안다는 것은 말할 나위가 없다. 사도행전에서 드러나는 성령의 정체를 보라. 죄다 기적과 이적으로 드러내는 성령의 능력을 통해서 존재감을 드러내지 않는가? 그러나 성령의 능력을 보고 듣고 경험하지 못하는 사람이 성령에 대해 잘 안다고 하면 지나가던 개가 웃을 일이다. 마지막으로 교인들 중에서 귀신에 대해서 잘 안다는 하는 이들은 거의 없다. 설령 성경의 기록이나 몇 가지 영적 체험을 하였다고 잘 안다고 할 수 없는 노릇이다. 필자가 칼럼이나 동영상으로 귀신에 대해 자세하고 구체적으로 알리고 있으니까, 어떤 이는 귀신의 이야기를 아주 자세하고 구체적으로 말하는 것을 보니 아예 소설을 읽는 것처럼 느껴진다고 하면서 거부감을 드러내었다. 필자가 말하는 귀신에 대한 이야기는 성령께서 구체적으로 말씀해주신 것을 토대로 삶의 현장에서 수백 명의 사람에게서 귀신을 쫓아낸 경험을 증명한 사실을 토대로 말씀드리는 것이다. 그래서 자세하고 구체적일 수밖에 없지 않은가? 그런데 너무 구체적으로 말하니까 소설 같다고 하니 헛웃음밖에 나오지 않는다. 마귀의 존재를 모르는 사람은 귀신이 속여 넣어주며 죄를 짓게 하는 것에 대해 무지할 수밖에 없다. 그렇다면 죄를 밥 먹듯이 짓고 있지만 죄인지 모르는데, 어떻게 전심으로 회개하여 용서함을 받겠는가? 그래서 마귀에 대해 무지하면 마귀의 종으로 살다가 지옥의 불구덩이에 던져질 수밖에 없는 운명인 셈이다.

152 사탄은 DNA를 가지고도 속이고 공격한다.

DNA는 세포핵 속에 유전에 관여하는 물질인 핵산의 한 종류로 단백질을 만드는 정보가 들어있다. 그래서 부모의 형질이 자손에게 전달해주는 유전에 깊이 관여하고 있다. 그런데 귀신이 DNA를 속이고 공격한다면 누가 믿겠는가? 그것을 증명하려면 귀신을 쫓아내면서 유전병을 치유하고 가족병력을 없애야 할 것이다. 또한 원인을 알 수 없는 선천적 발달 장애나 지적장애 등을 치유함으로 증명해야 할 것이다. 그래서 필자는 영성학교에 이런 유전병이나 가족병력을 가진 사람이 와서 기도훈련을 하며 귀신을 쫓아내어서 이를 증명하기를 바라고 있다. 지금까지 이런 병력을 가진 사람이 전혀 오지 않는 것은 아니지만 기도훈련을 지속한 사람은 없다. 그러나 터너증후근을 가진 자매가 기도훈련을 오랫동안 하는 중이다. 터너증후근은 X염색체가 두 개 있어야 하는데 하나밖에 없어서 생긴 유전병으로, 갖가지 질병을 보유하며 발달 장애를 보이게 된다. 영성학교 기도훈련을 하기 전에는 매년 응급상황이 발생해서 대수술을 여러 번 하였으나, 기도훈련을 시작한 지 4년째가 되었는데 지금까지는 아무 일도 일어나지 않았다. 앞으로 DNA 문제를 가진 사람에게 귀신을 쫓아내주면서 귀신이 DNA를 속이고 공격한다는 것을 증명하고 싶다.

153 악한 영들은 지도의 달인을 시켜서, 율법적인 신앙관을 고취하도록 가르치고 사람 말에 복종하게 한다.

이 사실은 예수님 당시의 바리새인과 서기관들이었던 유대교 종교지도자들의 행태를 보면 어렵지 않게 알 수 있다. 예수님은 이들을 가리켜 독사의 자식이라고 책망하시면서 두루 다니며 교인 한 사람을 만나면 배나 지옥 자식을 만든다고 저주하셨다. 독사의 자식이란 바로 귀신의 좀비를 말하며, 귀신들이 잠복해서 속여서 넣어주는 말이나 행동으로 다른 사람들에게 죄를 짓게 하여 지옥으로 던져지게 하는 앞잡이인 셈으로, 예수님은 유대교 종교지도자들이 귀신들의 좀비였다고 밝히고 있으니 기가 막힌 일이다. 그렇다면 현대교회에도 귀신들의 좀비 역할을 하는 신학자나 목사들이 널려 있을 것이 불 보듯 환한 일이다. 이들을 분별하는 것은 율법주의자나 종교주의자로 만드는지 분별하고, 하나님의 뜻대로 사는 것을 가르쳐서 예수 그리스도의 증인과 제자로 양육하는지를 날카롭게 살펴보면 될 일이다. 아쉽게도 현대교회의 지도자들은 주일성수에 교회 봉사를 비롯해서 목사의 말에 맹목적으로 순종하는 교인들을 양산하고 있다. 주일 성수를 비롯한 각종 교회 행사나 희생적인 신앙 행위를 성실하게 순종한다고 해서 하나님을 기쁘시게 하는 성령의 사람이 되는 것은 아니다. 그러나 현대교회는 3분짜리 영접기도를 하면 구원이 확정되었다고 가르치며, 갖가지 희생적인 교회 봉사를 열정적으로 하면 세상의 축복을 받을 것이라고 가르치고 있으니 기가 막힌 일이다. 이는 바리새인과 서기관들의 가르침과 다를 바가 없다. 이렇게 하나님의 뜻과 예수님의 명령이 아니라 교회 지도자인 사람의 말에 순종하게 만드는 것이 바로 악한 영의 계략인 셈이다.

154 선입견을 주는 것도 악한 영들의 계략이다.

선입견의 사전적인 정의는, 어떤 사람이나 사물 또는 주의나 주장에 대하여, 직접 경험하지 않은 상태에서 미리 마음속에 굳어진 견해이다. 말하자면 충분한 근거 없이 가지고 있는 마음의 생각이나 느낌인 셈이다. 그래서 선입견에 사로잡히면 그 생각이 마음에 굳어져서 나중에는 자신도 모르게 반응하게 된다. 선입견은 편견을 낳는다. 편견이야말로 적합하지 않은 태도나 의견이 되기 때문이다. 이런 선입견이나 편견은 죄다 악한 영의 작품이다. 악한 영들은 사람의 머리를 타고 앉아 자기 생각을 넣어주어 속이는 공격을 하고 있으므로 근거 없는 생각이나 느낌이 들면 즉시 예수피로 쳐내야 한다. 그러나 평생 자기 생각이 귀신이 넣어준 것이라는 생각을 꿈에도 생각하지 않고 살아왔기 때문에 이러한 주장을 받아들이기도 쉽지 않은 일이다. 그러나 성경의 잣대로 보면 하나님이 싫어하는 생각이라는 것은 명쾌하게 알 수 있다. 하나님이 싫어하시는 생각은 전부 다 죄이며, 죄의 덫을 놓고 죄를 짓게 하는 악한 영이 배후에 숨어있다는 것을 항상 잊지 말아야 할 것이다.

155 악한 영들은 너 죽고 내 죽자는 믿음을 요구한다.

너 죽고 내 죽자는 믿음은 별로 들어보지 못한 표현일 것이다. 그러나 시장한 복판에서 두 사람이 뒤엉켜서 피 터지게 싸우는 것을 목격하면 이 말의 뜻이 금세 다가올 것이다. 악한 영들은 이렇게 결과를 생각하지 않고 막대한 피해를 주는 행위를 부추기는 데 선수이다. 믿음의 잣대는 성경이다. 그러므로 성경에 기록한 하나님의 말씀에 순종하며 믿음의 삶을 살아야 할 것이다. 그러나 안타깝게도 교회에 오면 특정한 종교 행위나 헌금, 교회 봉사들을 철저하게 할 것을 요구한다. 그것도 죽도록 충성하라든가, 순종이 제사보다 낫다는 말씀을 인용하면서 말이다. 이러한 말씀의 대상은 하나님과 하나님의 뜻이지 사람의 말이 아니다. 그 사람이 교회 지도자나 목사일지라도 그렇다. 이렇게 악한 영들은 맹목적인 믿음을 순종적인 믿음으로 포장하여 삶을 황폐하게 만들고 정신과 영혼마저 피폐하게 만들기 일쑤이다. 가정을 돌보지 않고 교회 일에 매달려서 가정이 파탄 난 주부들도 적지 않고, 대출을 얻고 빚보증을 서서 교회신축자금에 몰아넣고 빚더미에 앉아 보증선 집이 경매로 넘어가서 길거리로 나앉은 교인들도 적지 않다. 이는 죄다 악한 영들이 너 죽고 내 죽자는 믿음을 죽도록 충성하는 믿음으로 속인 결과이다.

156 귀신은 사람의 마음에 틈타고 들어와 자기 생각을 넣어준다.

> 육신을 따르는 자는 육신의 일을, 영을 따르는 자는 영의 일을 생각하나니 육신의 생각은 사망이요 영의 생각은 생명과 평안이니라 육신의 생각은 하나님과 원수가 되나니 이는 하나님의 법에 굴복하지 아니할 뿐 아니라 할 수도 없음이라(롬8:5~7)

육신의 생각은 하나님의 뜻과는 별개로 자신이 소원하는 생각이다. 대부분의 사람은 평생 육체의 탐욕과 쾌락을 좇고 있다. 성경은 아담의 범죄로 인해, 아담의 후예인 사람이 태어날 때부터 자아가 죄로 오염되었으며, 그래서 사람은 죄를 좋아하고 죄를 추구하면서 살게 되어있다고 말하고 있다. 그래서 악한 영들은 죄의 덫을 놓고 죄를 유혹하고 부추겨서 죄를 짓게 하여 죄인으로 만드는 일에 혈안이 되어 있다. 그러나 이런 죄는 죄다 사람들이 좋아하는 육신의 생각이기 때문에 이를 인지하기도 힘들고, 설령 인지했다고 하더라도 자신이 좋아하는 육신의 생각과 싸우는 것은 실로 어려운 일이다. 그래서 대부분의 교인은 교회 마당을 밟으면서도 죄를 밥 먹듯이 지으면서도 회개할 생각도 없이 살아가고 있다. 이는 교회 의자에 앉아 있는 교인들에게, 잘못된 칼빈의 예정론을 받아들인 교단 교리의 영향으로 목회자들이 이미 구원이 확정된 것처럼 가르치고 있기 때문이다. 그래서 교인들은 신앙의 연륜이 오래되어도 거룩한 성품으로 변화하지 않으며 거룩하게 살려고 노력하지도 않는 슬픈 일이 교회 안에 만연하다. 귀신의 정체도 모르며, 더욱이 생각을 넣어 속이는 공격계략에 무지하기 때문이다.

157 잠꼬대를 심하게 하는 것도 악한 영의 공격이다.

잠꼬대와 귀신은 정말 밀접한 관계가 있는 것일까? 악한 영들은 사람이 잠자고 있을 때 들어와서 자기 생각을 집요하게 넣어주는 공격을 한다. 왜냐면 자는 동안에는 기도할 수 없기 때문이다. 잠자는 동안 가위눌리거나 악몽을 꾸는 것이 명백한 증거이다. 자고 일어나면 꿈을 꾼 내용을 알 수 없지만 이상하게 기분이 안 좋으며, 소위 꿈자리가 뒤숭숭하다고 말하는 이유가 바로 그렇다. 특히 잠꼬대를 심하게 하는 사람들은 악한 영의 공격을 심하게 받고 있다고 해도 과언이 아니다. 아시다시피, 필자의 사역은 귀신을 쫓아내며 고질병을 치유하면서 성령이 내주하는 기도훈련을 하는 것이다. 그래서 귀신이 잠복한 사람들을 수도 없이 보며 귀신을 쫓아낸 데이터를 가지고 있다. 잠을 잘 때 잠꼬대를 심하게 하는 사람들은 귀신들이 많이 잠복해있다고 보면 틀림없다. 이들에게서 축출기도를 하면 귀신들이 드러내는 증상이 나타나며, 뇌의 능력이 현저하게 떨어져 있거나 정신질환도 앓고 있는 경우가 많다. 어쨌든 잠을 자고 있을 때 악한 영들이 공격해서 자신들의 생각을 심어놓으므로, 자고 일어나면 즉시 이들이 넣어준 생각을 쫓아내는 기도부터 해야 하는 이유이다. 그래서 아침기도가 무척이나 중요하다. 그것도 방해받지 않은 장소에서 집중적으로 한 시간 이상 기도하는 습관을 들여야 한다. 필자는 이십여 년 동안 하나님을 부르는 기도를 하고 있지만, 잠자리에서 일어난 후에 가장 먼저 하는 아침기도의 시작은 악한 영이 넣어주었는지 모를 생각을 쳐내는 축출기도를 충분히 하고 있다. 하나님을 부르는 기도는 악한 영과의 싸움이 필수적이기 때문에, 이들의 공격계략을 잘 알아야 잘 싸울 수 있다. 잠잘 때마다 잠꼬대를 심하게 하는 사람은 악한 영이 잠복해 있을 확률이 상당히 높으므로, 이들을 쫓아내야 성령과 동행하는 삶을 살 수 있다는 것을 잊지 마시라.

158 악한 영은 자신을 우월시하는 특징이 있다.

악한 영은 사람 안에 들어와서 생각을 속이고 조종하지만, 그들의 특징은 자신이 조종하는 사람을 통해 존재감을 드러내고 싶어 한다는 것이다. 성령께서 미혹의 영이 잠복한 사람들의 특징으로, 고집이 세고 자기중심적이며 교만하고 감정의 기복이 심하다고 말씀하신 것도 이 같은 이유이다. 교만한 사람은 대부분 고집이 세고 자기중심적이지 않은가? 이는 귀신이 자신이 잠복한 사람을 통해 자신을 과시하고 싶은 속내를 드러내기 때문이다. 그래서 성령께서는 귀신들이 사람 안에 들락날락 하면서 자신이 속이는 사람들을 비웃고 경멸하고 있다고 말씀하시기도 하셨다. 그러므로 고집이 세고 자기중심적이며 교만한 사람들을 보면, 귀신이 조종하는 사람인지 분별하고 조심하고 경계해야 한다. 이런 사람과 가까이하면 필시 공격을 받아 상처를 받거나 피해를 보기 일쑤이며, 갈등과 싸움, 분열의 관계로 이어지기에 십상이다. 그러나 이런 사람이 배우자이거나 부모, 직장의 상사일 경우에는 지옥 같은 삶이 따로 없을 것이다. 그러므로 이런 사람과는 적당한 거리를 두고 마찰을 피하도록 노력해야 하며, 피할 수 없는 경우라면 평소에 하나님과 깊고 친밀한 기도의 습관을 들이고 능력 있는 기도의 내공을 쌓아서, 기도로서 귀신들의 공격을 막고 싸워서 승리해야 평안하고 행복한 삶을 유지할 수 있다.

159 미혹의 영은 사탄의 총수이다.

우리의 씨름은 혈과 육을 상대하는 것이 아니요 통치자들과 권세들과 이 어둠의 세상 주관자들과 하늘에 있는 악의 영들을 상대함이라(엡6:12)

심판에 대하여라 함은 이 세상 임금이 심판을 받았음이라(요16:11)

총수(摠帥)라는 단어는 한자어로 어떤 집단의 우두머리라는 뜻이다. 귀신들은 총대장격인 루시퍼가 있고, 그 휘하에 수많은 타락한 천사들로 이루어진 귀신들이 포진해있다. 귀신들로 영적 능력에 따라 고급영인 마귀급의 미혹의 영과 하급영들로 이루어져 있다. 마귀급인 고급영은 하급영인 귀신들을 겁을 주고 위협을 하여 자신들의 명령에 따르게 한다. 타락한 천사장으로 하나님을 배반하여 이 땅에 쫓겨날 때 범죄한 천사들을 데리고 왔다. 그래서 세상을 지배할 때도 마귀급의 미혹의 영을 세상의 지도자들의 머리에 잠복시켜서 그들을 통해 세상을 지배하고 있다. 세상에는 두 부류의 왕이 있는데, 만왕의 왕이신 여호와 하나님과 세상의 임금인 사탄이다. 이 두 부류의 왕은 각각 자신의 백성을 다스리시고 통치한다. 하나님은 예수 그리스도의 보혈로 죄가 용서함을 받아 의인으로 인정을 받은 하나님의 백성들이며, 세상 임금인 사탄은 죄인들을 포로로 삼아 통치하고 있다. 특히 루시퍼의 부하격인 고급영인 마귀는 미혹의 영이라는 별명을 가지고 있는데, 이는 사람들의 머리를 타고 앉아 자기 생각을 넣어주어 미혹시키는 능력이 탁월하기 때문이다. 사탄은 하나님을 배반한 사탄인 루시퍼를 지칭하기도 하고, 전체 귀신들의 영을 집단적으로 호칭할 때도 사용하는 단어이다. 이 미혹의 영이 세상의 지도자의 머리를 타고 앉아서 자기 생각을 넣어주어 속여서 세상을 지배하고 있으며, 당연히 교회 지도자의 머리를 타고 앉아 속이고 있음은 물론이다. 그래서 예수님께서 유대교 지도자인 바리새인과 서기관들에게 독사의 새끼라고 부른 것이다.

160 악한 영들이 말초신경을 움직여서 조종한다.

말초신경은 중추신경을 제외한 신경계를 말하며, 주로 감각기관, 소화기관, 운동기관에 널리 퍼져 있는 신경이다. 말하자면 뇌에서 명령을 하면 중추신경을 통해서 전달하며 말초신경이 작동하는 식이라고 보면 된다. 그래서 말초신경이 온몸에 거미줄처럼 퍼져 있다. 그렇다면 악한 영들이 말초신경을 움직여서 조종한다면 감각기관이나 소화기관은 물론 팔, 다리 등의 운동기관도 자신의 마음대로 움직일 수 있다는 게 아닌가? 그러나 이를 믿을 현대인들은 없을 것이다. 필자도 수백 명의 귀신이 잠복한 사람을 쫓아내면서 이들의 공격을 직접 눈으로 보지 못했다면 믿을 수 없었을 것이다. 그렇다면 대표적인 것을 살펴보자. 감각기관들은 대부분 얼굴에 있다. 눈이나 귀, 코, 입, 피부 등을 말한다. 성경은 귀신이 들려서 맹인과 귀머거리, 벙어리가 되었다고 밝히고 있다. 이는 귀신들이 감각기관을 망가뜨려 장애인이 되도록 했다는 것이다. 그러나 이는 성경에서나 나오는 기록이지, 현대 시대에 이를 증명하려면 귀신을 쫓아내면서 장애를 회복시키면서 입증해야 할 것이다. 필자를 찾아온 사람 중에서 정신분열증을 가진 이들이 적지 않았다. 정신분열의 진단은 환청과 환각이 있거나 아니면 정신 능력이 전혀 없는 증상이다. 환청과 환각은 무슨 소리가 들리고 헛것이 보이는 것이다. 그런데 이는 귀신들이 청각신경과 시신경을 조작하고 조종해서 만드는 현상이다. 귀신을 쫓아내면 이런 증상이 사라지기 시작한다. 또한 영성학교에서 장애가 회복된 경우가 여러 건 있었는데, 후각신경과 청각신경이 마비된 장애자가 회복된 것이다. 물론 귀신을 쫓아내면서 회복된 것이니까, 당연히 귀신들의 작업임을 증명해 보인 것이다. 또한 귀신이 처음부터 말을 하는 떠벌이 귀신으로부터, 자신이 잠복한 사람의 운동기관을 움직여서 팔다리를 들어 올리거나 심지어는 카톡과 문자를 보내기도 하는 것을 지켜보기도 했다. 이 사건은 영성학교에 있는 많은 사람이 목격했다. 이렇게 귀신들은 말초신경을 조종하는 능력이 있으니 놀라운 일임에 틀림없다.

161 정신적인 충격을 받은 사람은 귀신들이 지배하게 된다.

갑자기 충격적인 사건이 발생하면 실어증과 기억력 상실은 물론 정신분열을 일으키는 사람도 있다. 예전에 동네마다 미친 사람들이 있었는데, 전해 내려오는 얘기로는 충격적인 사건으로 이렇게 되었다고 했었다. 이렇게 귀신들은 엄청난 정신적인 충격을 받은 사람에게 들어가서 뇌를 장악하고 뇌 기능을 상실하게 하거나 정신 능력을 떨어뜨려서 장애를 일으키거나 정신질환자가 되게 하기도 한다. 실제로 필자가 갑자기 조현병을 앓게 된 지인에게서 귀신을 쫓아내고 나서 정신이 온전히 돌아오게 되자 어떻게 된 사건이냐고 물어보았을 때, 어떤 영이 들어와서 하나님이라고 속이고 자신을 지배하고 조종했다고 밝히기도 하였다. 어쨌든 미혹의 영들은 뇌를 장악해서 뇌 기능을 망가뜨리거나 정신 능력을 떨어뜨리는 것은 물론, 환청이나 환각을 통해 속여서 조종하고 지배하는 데 능수능란하다. 그러나 이는 귀신을 쫓아내면서 회복시켜야 이 사실을 증명할 수 있으므로, 그동안 아무도 이 사실을 눈치채지 못했다. 필자도 성령께서 말씀해주시고 귀신을 쫓아내면서 증명했으니까 비로소 당당하게 주장할 수 있는 것임은 물론이다.

162 죄를 씻지 않는 자는 먼지를 쓰고 있는 것과 같고, 귀신과 교제하는 자들이다.

귀신은 죄를 짓게 하는 원흉이다. 그들은 하나님이 사람들은 자신들과는 다르게 취급하여, 특별한 사랑과 자비를 베풀고 있다는 데에 대해 독한 시기와 질투 그리고 자신들이 지옥의 불구덩이에 던져지는 형 집행을 조금이라도 연기시키려고, 사람들로 하여금 죄를 짓게 하여 죄인으로 만드는 데 혈안이 되어있다. 지금처럼 종말의 시계가 초읽기에 들어간 요즈음 악한 영들은 더욱 난폭하고 교묘하게 날뛰고 있다. 그러나 현대교회에서는 영접기도와 주일성수로 구원이 확정되었다는 비성경적인 구원관을 가르치고 있어서, 교인들은 죄에 대해 별 관심을 보이지 않으며 회개할 생각조차 하지 않는다. 이는 미혹의 영이 교단에서 숭배하는 신학자들에게 들어가서 성경을 자의적으로 해석하고 비틀어서 비성경적인 구원관을 신학생과 목회자들에게 가르치고, 교단에서는 이를 교리를 만들어서 개교회의 교인들에게 가르치도록 독려하고 있기 때문이다. 그래서 현대교회에 죄, 회개, 지옥을 주제로 설교하는 목사들을 거의 찾아볼 수 없는 이유이다. 성경에서 말하는 죄는 하나님이 싫어하는 생각과 성품, 말과 행동을 총망라하는 단어이다. 또한 인간의 생각이나 육체가 추구하는 생각들이 죄다 하나님이 싫어하는 범주에 들어간다. 그러나 대부분의 교인은 성경을 정독해서 규칙적으로 읽지 않으며, 설령 성경을 읽다가 이런 구절을 발견하고도 성경에 해박한 목사들이 어련히 알아서 잘 가르치고 있겠냐면서 의구심을 품지도 않는다. 또한 주변에 수많은 교인과 목사가 문제가 없다고 여기고 있다는 데 안심을 하고 있다. 이렇게 미혹의 영은 하나님을 모르는 세상 사람은 물론 하나님의 백성들도 교묘하게 속여서 죄를 짓게 하는 데 성공했다. 그래서 죄의 대가로 온갖 성인병과 고질병, 정신질환에 걸린 교인들도 허다하며, 가정이 불화하여 이혼하며 갖가지 불행한 사건 사고로 고통스럽게 사는 이유이다. 그러나 이 문제가 죄때문이며 회개하지 않아서 생기는 형벌이라고 알고 있는 자들이 거의 없는 게 우리가 마주한 차가운 현실이다. 안타깝고 답답한 일이다.

163 귀신은 절대로 물러나지 않고, 지혜로운 자들이 기도를 계속할 때 믿음을 확인하고, 자비로운 하나님을 뵙고자 힘쓰고 애쓸 때까지 기다렸다가, 아버지가 오신다는 소식을 들을 때 물러나서, 다시 방문하고 일생토록 기회를 엿보는 자들이다.

현대교회의 목사들은 거룩한 교회에 귀신이 어떻게 들어오며, 빚인 하나님의 자녀들에게 귀신들이 어떻게 범접하느냐는 선문답 같은 얘기를 퍼뜨려서 교인들로 하여금 안심시키고 있지만 이는 새빨간 거짓말이다. 사탄은 예수님과 사도들도 두려워하지 않고 유혹하려 들었으며, 베드로와 가룟 유다는 사탄의 유혹에 걸려 넘어갔다. 예수님 시대에 우글우글하던 귀신들이 현대 시대에는 없겠는가? 귀신들은 하나님과 같이 영혼불멸의 존재이다. 그러므로 지금도 수많은 귀신이 사람들에게 죄를 짓게 하여 고통을 주어 영혼과 생명을 사냥하여 지옥의 불구덩이에 던져 넣고 있는 중이다. 어렵사리 몸에 잠복한 귀신들을 쫓아낸다고 하더라도, 이들은 절대로 포기하지 않고 또 들어오려고 호시탐탐 엿보고 있다. 그들은 졸지도 자지도 않으며 24시간 사람 주변에 잠복하고 있으며 떼로 몰려다니며 들어올 틈을 노리고 있다. 기도하지 않는 자들은 그들의 손쉬운 먹잇감이지만, 성령과 깊고 친밀하게 기도하며 성령의 내주를 간절히 원하는 기도를 하는 사람들이라도 끈덕지게 달려들어 덤벼들고, 성령이 들어오신다는 소문이 들리면 화들짝 놀라서 도망치기는 하지만, 멀리 가지 않고 기회를 엿보며 다시 들어오려고 노리는 자들이다. 그래서 평생 쉬지 않고 하나님의 이름을 부르며 성령이 내주하는 기도의 습관을 들이며, 귀신이 공격할 때는 이를 즉시 알아채고 예수피를 외치며 맹렬하게 쫓아내야 한다.

'목사님께서 하시는 귀신 축출 사역과 악한 영들의 정보를 알리는 이 일은 "반드시" 정확한 리더가 지명되어 동일하게 대를 이어가질 수 있도록 꼭 부탁드립니다. 그것이 목사님 가족의 일원일지 그곳 공동체에서 은혜받은 다른 분이 될지 모르지만 이 땅에서 소망이 일어나야 합니다. 악령들을 컨트롤 하지 않고는 여호와의 대의도 자꾸 공통의 징벌처럼(코로나)만 와닿는 나머지 백성들이 교회를 기댈 줄 모를 것이기에 사람의 다친 곳이 마음이나 그 형편이나 육적 질병이나 축귀 사역의 컨트롤 타워는 반드시 한국 안에서 기틀을 잡고 이어 줘야 우리 족속도 살고, 세계 선교도 살아납니다. 선각자로서 나서 이 사역을 하시는 목사님과 동역하시는 사모님께도 너무나도 감사하고, 축복 드립니다. 목사님 궁극적으로 우리 꼭~ 천국에서 그리고 이왕이면 상급 좋은 이에게 마련된 처소 대열에서 만납시다!'

작년에 『예언 노트』를 출판하면서 여러 생각들이 교차했다. 그 중에서도 성령께서 악한 영의 정체와 공격계략에 대한 구체적인 말씀을 적지 않게 해주시기는 했지만, 그 내용들은 이성적이고 합리적인 사고방식과 더불어 영화나 TV 드라마의 공포물로서의 귀신에 대한 정보만을 알고 있는 현대인들에게, 성령께서 해주신 말씀들을 받아들이거나 이해하기는 참으로 어려울 것이라는 생각이 들었다. 필자는 이 말씀을 토대로 수많은 귀신들린 사람에게서 귀신들을 쫓아내면서, 이 말씀들이 얼마나 실제적이고 정확한지 소름 돋도록 실감나게 확인을 했다. 그러나 귀신에 대한 경험이 없는 사람들은 좀 더 구체적인 설명과 정보가 필요할 것이다. 그래서 작년 초부터 성령께서 악한 영의 정체와 공격계략에 대해 말씀해주신 내용 중에서, 꼭 필요하고 중요한 내용만을 추려서 성경 말씀을 덧붙여서 자세한 설명을 붙이는 작업을 시작했다. 그러나 바쁜 사역 중에 짬을 내어 책을 만드는 작업은 지루

하고 고된 일과였다. 그러나 성령께서는 필자의 사역에 대해, '너희가 하는 사역은 이례적인 사역으로 귀신을 쫓아내고 귀신의 활동성을 알리는 사역이다.'라고 명령하셨고, 경험을 토대로 한 충분한 설명이 들어있는 책을 집필해서 많은 이들에게 알려야 하는 사역이 필자의 주요한 미션이었기에, 힘든 줄 모르고 봄, 여름을 거쳐 가을빛이 완연한 계절에야 비로소 탈고를 하고 나서 누리는 해방감에 피로가 싹 가신다. 이 책을 통해 귀신들의 공격에 시달리는 많은 영혼이 악한 영의 손아귀에서 벗어나 행복과 기쁨이 넘치는 하나님의 나라를 마음껏 누리기를 바라마지 않는다.

충주의 한적한 시골에서, 쉼목사

위의 내용은 필자의 블로그에 댓글로 남긴 어느 회원님의 글이다. 이분은 악한 영의 정체와 공격계략을 자세하게 써놓은 필자의 글을 보고 너무도 반가워서 읽을 때마다 장문의 댓글을 달곤한다. 물론 대부분의 교인은 악한 영의 정체나 정보에 대한 필자의 글에 무관심하거나 교인들을 미혹시키는 이단 비스무리하다면서 폄훼하고 비난하는 이들도 적지 않다. 그러나 이분은 악한 영에 대해 어느 정도 인지하고 있지만, 정확한 정보와 공격계략에 대해 무지한 채로 살다가 필자의 칼럼을 보고 반가워서 버선발로 달려왔다고 한다. 이처럼 자신과 가족들이 여러 가지 불행한 사건 사고로 신음하며 갖가지 정신질환과 고질병으로 고통받는 원인이 악한 영의 공격 때문이라는 것을 알고 해결책을 알고 있다면 얼마나 좋을까 하는 생각이 수도 없이 들었다. 그래서 많은 이들이 기피하는 힘든 사역이지만 보람을 느낄 때도 적지 않다.